JN207355

ワンネスから授かった「三種の神器」シリーズ3

ワンネスタッピングの完全法則

山富浩司

「宇宙の仕組み」を活かす最上位メソッド！

ナチュラルスピリット

ワンネスから授かった「三種の神器」シリーズ　3

ワンネスタッピングの完全法則

はじめに

〝人生の質は、感情の質〟です。

お金や物をどれだけ集めたとしても、心の内に不安、心配、怒り、ストレス、悲しみ…などが多ければ、遅かれ早かれ心身が不調となり、〝不幸せな人生〟になってしまいます。

逆に、何かを持っていても持っていなくても、日々、幸せを感じている人は〝幸せな人生〟です。

その状態こそが、真の〝**成幸者**〟です。

人は誰もが一人で生まれ、一人で肉体を離れます。

その離れる瞬間に、

「もっと、○○しておきたかった…」

「辛かった…」

「がまんばかりだった…」

そう思ったなら、〝不幸せな人生〟かもしれません。逆に、

「楽しかった！」

「ありがたかった！」

そう思えたなら、〝幸せな人生〟かもしれません。

どうせなら、幸せな人生にしたいですよね？

もちろん、私もそう思っています。

〝幸せな日々と人生〟を送る最大の鍵は、二つあります。

一 「行きすぎたマイナスの感情」を手放すこと

二 「ワンネス」（宇宙の中心・根源）**とつながる生き方をすること**

この二つができると、〝自動的〟に幸せになれるからです。

さらに言うなら、〝幸せにしかなれない〟のです。

何をどのようにやっても、うまくいく。

そんな日々と人生となっていきます。

「ああ、私は、もう幸せにしかなれないんだ…」

そんなあきらめ(?)が必要なほど、素晴らしい世界が広がっていきます。

自他ともに笑顔と幸せの輪が広がっていく『和の引き寄せ®』も、自動的に次々と起こるようになっていきます。


ただ、それは今までは「言うは易《やす》く、行なうは難《かた》し」でした。

特に、「行きすぎたマイナスの感情」を手放すことは難関中の難関でした。

これまでも長年にわたって、さまざまな方法が提唱されてきています。

たとえば、「気を逸《そ》らす」「マイナスの感情に意識を向けない」「大声を出したり、スポーツなどで発散する」「修行を重ねる」「カウンセリングを受ける」「飲酒、ギャンブル、カラオケ、運動などで紛らわせる」「薬を処方する」等々、いろいろあります。

どの方法でも、一定の効果は得られます。

同時に、どの方法も〝一時的な効果〟にすぎません。

それどころか、副作用が起きるなど、逆効果になることさえあります。

なぜなら、そのほとんどは〝対症的〟なものだからです。

たとえば、アルコールを摂取すると、〝一時的〟に「マイナスの感情」を軽減することができます。

ただ、ご存じのとおり、〝酔い〟が醒めるとマイナスの感情はぶり返します。

一時的で対症的なものは、根本の原因の解決にはならないのです。

ところが、**『マインドフルネスタッピング®』**という手法を使うと、誰もが簡単に感情のコントロールができるようになります。

そして、〝幸せな日々〟〝幸せな人生〟を送れるようになります。

マインドフルネスタッピングとは、東洋医学の鍼灸《しんきゅう》理論、最新の脳科学、量子力学に加えて、**「和のマインド」**を取り入れた画期的な手法です。

方法は、手や指でトントンと手のひらなどをタッピングする（叩く）だけという、超簡単なものです。

しっかりとした論理的な根拠もあり、再現性のある結果を出すという実績もあるため、大学、高校、中学校、小学校をはじめとする各教育機関の現場のほか、医療現場でも大きな成果を上げています。

マインドフルネスタッピングは対症的なアプローチではなく、**根本の原因にダイレクトに作用する**ので、とても大きな結果が得られるのです。


私自身、その体現者です。

私は、ＤＶ家庭かつ貧困な家に生まれました。

凄絶な家庭崩壊を経験し、重度のうつとパニック障害の発症、二十代後半には重篤な心臓の病気で余命宣告を受けました。

奇跡的に命は取りとめたものの、その後、阪神・淡路大震災で家を失って自己破産寸前となりながら、重い病気を抱えてなんとか生きていましたが、五十歳になる年に長年勤めていた会社をリストラされました。

半世紀もの間、人生の〝超底辺〟で半死半生で喘いでいた私が、会社をリストラされた二〇一一年、三月一一日の東日本大震災で「天命」を知ったのです。

それは、被災された方の〃心の復興〃のために、「行きすぎたマイナスの感情」を解放し、笑顔と幸せの輪を広げることが最短でできる手法を手渡しすることでした。

そして、その手法を広げていくことで、最終的には、

「世界が一つになる瞬間を〃虹の仲間〃とともに見る！」

「七世代先まで続く地球平和の礎《いしずえ》を築く！」

ということが私の夢になったのです。

そのために名もなきお手伝いの一人として、生涯を通して夢中で生きることを決めています。

私自身が被災した経験からも、**不安、心配、恐怖、怒り、悲しみなどの「行きすぎたマイナスの感情」を解放する**ことが、〃心の復興〃の最短ルートであることを知っていました。

〃心の復興〃さえできれば、物質的な復興は必ずついてきます。

逆に、物質的な復興ができたとしても、心の内がマイナスの感情で満たされていれば、心身ともに不調になっていきます。

阪神・淡路大震災で被災した私自身も含めて、そういう方をたくさん見てきました。

その〝心の復興〟の切り札である「マインドフルネスタッピング」の手法を、私は「ワンネス」（宇宙の中心・根源）から授かったのです。

効果は絶大でした。

あらゆることが、みるみるうちにV字好転していったのです。五十年間も苦しみ抜いていたことが、たった一年間でほぼ解決しました。

解決するだけではなく、〝夢〟に描いていたことが次々と叶っていくようになったのです。

驚きを超えて、しばらく放心状態となっていたことを覚えています。

それは私のみならず、私からマインドフルネスタッピングを学んでくださった方々も同じでした。

その後、ワンネスから、『エネルギーマイスター®』『リミットブレイクマスター®』という新手法を続けて授かりました。

マインドフルネスタッピングとあわせると、その相乗効果は足し算ではなく、掛け算のように大きな力を発揮してくれることがわかりました。

大げさではなく、通常は〝奇跡〟と呼ばれるレベルのことが、〝当たり前〟のように起こせるのです。

今も、その効果はずっと続いていて、自他ともに笑顔と幸せの輪が広がる「和の引き寄せ」を自在に起こせるようになりました。

私は、「マインドフルネスタッピング」「エネルギーマイスター」「リミットブレイクマスター」の三つのメソッドを『**和の願望実現加速の「三種の神器《じんぎ》」**』と呼んでいます。

私はこれまで十数冊の本を書かせていただいていますが、自分自身の「プラスのエネルギー量」を瞬時に高めることのできる『エネルギーマイスターの絶対法則』、無意識領域の潜在意識の中にある「マイナスの思い込み」を次々と手放すことができる『リミットブレイクマスターの最強法則』（ともにナチュラルスピリット社）を、ぜひご一読いただけましたら幸いです。

さて本書では、これまでは未公開でしたが、〝ハワイの叡智〟から授かった『**ワンネスタッピング**』という手法を初公開させていただきます。

「ワンネスタッピング」とは、文字どおり「ワンネス」（宇宙の中心・根源）とダイレクトにつながることのできる驚くべき手法です。
ワンネスタッピングを通してできることは二つです。

一　ワンネスとつながることで〝絶対的安心感〟と〝幸せ〟を得て、その場で至福感に包まれます。

二　〝業《ごう》〟（カルマ）を解くことができます。

ワンネスとつながることができると、これまでうまくいかなかったさまざまなことが大きく好転していきます。何よりも、日々の人生が幸せにあふれてきます。

〝幸せ〟を超えて、〝至福〟の領域へと至ることができます。**至福の状態になると、〝自動的〟にうれしいことや幸せなことが起きてきます。**

特筆すべきは、本書の手順どおりに行なえば、**誰もがすぐにマスターできる**点です。

また〝業〟とは、私たち一人ひとりが、過去生も含めて行なってきたすべての善悪の行為によって現世で受ける報いのことです。

最新科学である量子力学の量子脳理論の観点においては、一般的に言われている「死」は存在しません。

〝肉体を離れる〟ことは、家の建て替えや車の買い替えと同じです。

水を熱すると蒸発します。水はなくなったように見えますが、実際は空気中に存在しています。目に見える液体（水）から、目に見えない気体（水蒸気）に変わっただけです。

そのことと同様に、一定の期間を過ごすと、私たちの外見である肉体（ボディスーツ）は古くなって傷んできます。そのため、私たちもいったん肉体を離れます。

肉体を離れるのは、肉体の〝核〟の部分である「意識（エネルギー）」です。「魂」とも呼ばれている部分です。その後、必要なタイミングで新たな肉体に魂（意識）を宿します。

そうして、人は通常はいくつもの〝過去〟の人生を持っています。それは「過去生」と呼ばれています。

過去生の場所、時期、回数は人によってさまざまですが、いずれにしても魂のレベル、潜在意識のレベルでは、過去に自分が行なった行為や、自分が受けた行為は覚えています。

特に〝**感情が大きく動いた出来事**〟は必ず覚えています。それが潜在意識の働きだからです。

たとえば、過去生で他人に大きな危害を加えた、もしくは加えられた場合は、怒り、悲しみ、恨み、恐怖などの感情が、潜在意識の中に〝業〟として深く刻み込まれます。

ワンネスタッピングは、〝業〟をやさしく解かしてくれます。

〝ハワイの叡智〟（エネルギー体）からは、

「ワンネスタッピングの使い手が増えることで、人類全体の〝業〟が解け、人と自然が調和した素晴らしい地球を創っていくことができる」

というメッセージを受け取っています。

本書を通して、世界が一つになる奇跡のメソッド「ワンネスタッピング」の全貌を初めてお伝えできますことをうれしく思います。

それは、あなたに向けたものです。

この手法を**「光の宝刀」**として、お使いいただけましたら幸いです。

なぜなら、**あなたこそがこの世界、この宇宙の中心そのものだからです。**

あなたの笑顔、あなたの幸せ、あなたのワクワクがもっと増えていけば、世界も宇宙も平和になっていきます。

本書を読み終えられた時点で、あなたの世界はまぶしく一変するでしょう。

目次

第3章　最上位メソッド「ワンネスタッピング」の完成　77

第4章 初公開！「ワンネスタッピング」の実践 109

第5章 「感情」をコントロールする方法 135

第1章

「感情」のコントロールがすべて

「思考は現実化する」に潜む落とし穴

思考は現実化する——一度は、この言葉を聞かれた方も多いかと思います。

書籍『思考は現実化する（Think and Grow Rich）』は、ナポレオン・ヒルによって著されました。

原著は一九三七年〈日本語訳は一九八九年〉刊行、全世界で累計一億部を突破、文字どおり大ロングセラーです。

私自身も当時、日本語訳を一心不乱に読んだことを覚えています。

名著であることは間違いないのですが、私自身は〝結果〟を出すことができませんでした。

その〝理由〟は、今ならわかります。

思考することや、夢や願いを声に出して紙に書き出す「アファメーション」〈肯定的な宣言文〉などには、大きな**〝落とし穴〟**が潜んでいるからです。

それは、**プラスの感情がともなっていないと、逆効果の現象が起こってしまう**ということです。

たとえば、重大な病気になっている方が、〝思考〟を使って「自分は健康だ！」と思ったとします。

あるいは、お金がまったくなくて困窮している人が、やはり〝思考〟を使って「自分はお金持ちだ！」と思ったとします。

どちらも一〇〇％に近い確率で、自覚のない無意識レベルにある潜在意識領域では、「それは嘘だ！」と〝反発〟します。

その場合、間違いなく、**「潜在意識領域の真の思い**（思い込み）**」が現実化します。**

病気の方はさらに心身の状態が悪化し、経済的困窮にある方は、さらにつらい状況に陥ってしまうことになります。

思考（意識）**よりも潜在意識**（思い込み）**のほうが、圧倒的に力が強いためです。**

私たちが寝ているときでも、呼吸ができたり心臓が動いてくれるのは、潜在意識の働きによるものです。

いくら「心臓の鼓動を十秒間止める！」と〝思考〟しても、心臓の鼓動が止まることはありません。

思考よりも潜在意識の力のほうがはるかに強いことは、このことでもわかります。

当時の私も、〝逆引き寄せ〟をしていたのは私自身でした。

〝思考〟を意識し、強く思考しすぎたために、心の内の真の思いは、「嘘だ！」「無理だ！」という思いであふれていたのです。

二十代後半の私は、重篤な心臓の病状によって余命宣告を受けていました。

それもいわゆる「余命○カ月」というレベルではなく、発作が起こると、その瞬間に絶命する可能性が高いというものでした。

治療方法もなく、医師からは遺書を書くことも含め、ただちに身辺整理をすることを勧められました。

私は全身の力が抜け、泣きながら身辺整理をしたことを覚えています。

それからの私は、いつ爆発するかわからない時限爆弾を体に抱えているような、恐怖の極限状態にありました。

そういう状況でほぼ寝たきりでしたので、働くこともままならず、経済的にもとても困窮していました。

発作はたいてい眠っているときに起きていましたから、起きても地獄、眠っても地獄という絶望の日々を送っていました。

そんな中、書籍『思考は現実化する』と出会った私は、「これに賭けてみよう！」と飛びつき、熱心に実践したのです。

その結果……すべての面で悪化していきました。

現実化するのは〝感情〟

心身の両面、経済的にもさらなる悪化を経て、私は「思考は現実化する」に潜む落とし穴を身を持って知りました。

当時の私は、「自分は健康だ！」「自分は金持ちだ！」と強く思考しながら、実際は〝イライラ〟していました。その後、日増しにイライラするような状況に陥っていったのです。

「泣きっ面に蜂」「笑う門には福来たる」ということわざがありますが、ずっと悲しみ続けていると、さらなる悲しみが訪れますし、常に笑顔で微笑んでいると、さらに楽しいことが引き寄せられてきます。

これは、物理学でいうところの〝共振〟と〝共鳴〟の現象が起こるためです。

つまり、**今、持っている感情**（振動・エネルギー）**と同じものが返ってくる**ということです。

私の場合、幼少のころからDV家庭、貧困の中で育ち、重度のうつも経験していますので、自分の気づかない潜在意識の中には、不安、心配、恐怖、怒りなどの「行きすぎたマイナスの感情」の記憶が刻み込まれていました。

ですので、いくら思考を使って、「自分は健康だ！」「自分は豊かだ！」と思い込もうとしても、潜在意識では「それは嘘だ！」と否定してしまいます。

潜在意識領域に刻み込まれた「マイナスの感情」の記憶のほうが力が強いからです。

だからこそ、健康と豊かさを思えば思うほど否定も強くなり、事態はますます悪化していくことになるのです。

現実化するのは〝思考〟ではなく〝感情〟です。

「感情が現実化する」のです。

感情を制するものは人生を制す

あなたは、自分自身の人生に点数を付けるとしたら、どのように採点されますか？

多くの方は、その時点で持っているお金や資産、地位や肩書きなどを思い浮かべるのではないでしょうか。

一般的には、それらをより多く持っている人が〝成功者〟と呼ばれます。

ただ、そのような人が不健康で、多くのストレスを抱えていたとしたらどうでしょうか？

それは、その人にとっては「つらい人生」です。

逆に、それらをあまり持っていない人でも、健康で幸せな毎日を過ごしていたら、その人にとっては「幸せな人生」です。

もちろん、お金や物を持つことがわるいとは思いません。それらを求めることは自由です。

ただ、もっと大切なことがあるということですね。

それは〝感情〟です。

具体的には、幸せ、豊かさ、感謝に包まれているかどうかです。

〝人生の質〟は〝感情の質〟で決まるからです。

感情の質が高まれば、自然とお金や物にも困らなくなっていきます。

なぜなら、**感情**（振動・エネルギー）**こそが、すべての求心力**だからです。

「幸せだなあ…」

自分自身の内側からそう感じられれば、何かを持っていてもいなくても、あなたの人生は百点満点です。

どんな状態や状況であっても、「自分は幸せだ」「自分は豊かだ」と思える人は、人生の勝者です。


最初に行なうべきことは、幸せとは対極の状態である、不安、心配、恐怖、イライラ、怒り、悲しみ、恨み、ストレス等々の「行きすぎたマイナスの感情」を手放すことです。

そのことがもっとも大切です。

重たい荷物を持ったままでは、満足に歩くことができません。まずは身軽になることが先決です。

もし、「行きすぎたマイナスの感情」を持ったままアクションを取り続けると、無理がたたって、遅かれ早かれ心身ともに不調をきたしてきます。

ブレーキをかけたままアクセルを踏み込めば、車が故障することと同じです。

そのこととあいまって、お金や物、幸せを得ることも難しくなってしまいます。

もちろん、地球に生まれてきた「天命」や「使命」を果たすことはできません。

まずは、〝心のブレーキ〟となっている「行きすぎたマイナスの感情」を手放すことが大切なのです。

本書では、その〝手放し方〟もお伝えしていきます。


感情を制するものは、人生を制するのです。

すべての感情はあなたに味方する

「マイナスの感情の手放す」と言うと、「不安、心配、恐怖、イライラ、怒り、悲しみなどの感情は持っていてはいけないの？」と思われる方もおられるかもしれません。

持っていても大丈夫です。

さらに言えば、それらの感情は〝必要〟です。

なぜなら、**すべての感情はあなたの味方**だからです。

たとえば、〝怖い〟という感情が備わっているために、高いところから飛び降りることはありません。

社会で起こる不条理なできごとに対しては、〝怒り〟があるからこそ、解決策を考えたり、是正することができます。

恐怖、怒り、悲しみなど、すべての感情はあなたの味方です。

あなたがあなたらしく生きるために備わっています。


半面、それらの不快な感情を長期にわたって持ち続けることはとても危険です。

なぜなら、そうすることで脳波や自律神経は乱れ、〝キラーストレスホルモン〟とも呼ばれているコルチゾールなどが放出され、結果的に心身に不調をきたすからです。

もちろん、そのような状態では、自分の夢や願いを叶えたり、目標を達成することは困難でしょう。

むしろ、あらゆる面で真逆のことが起こる、〝逆引き寄せ〟状態になってしまいます。

そうしたマイナスのスパイラル状態にならないためにも、ずっと持ち続けている「行きすぎたマイナスの感情」は早期に手放す必要があります。

後述しますが、「マインドフルネスタッピング」という最新メンタル手法を使うことで、誰もが瞬時に感情を整えることができます。

マインドフルネスタッピングの実践は、あなたにとって理想の未来を〝自動的〟に開いていきます。

どのような〝感情〟で行なっているか

一生懸命に仕事を行なっていたとしても、心の内が〝ピリピリ〟していれば、さらなる〝ピリピリ〟を引き寄せてしまいます。

たとえば一流デパートで、店内はピカピカでスタッフの制服も申し分なく、さらにはお辞儀の仕方や立ち居振る舞いまできちんとトレーニングされていたとします。

しかし、実はその会社の代表がワンマン社長で、売り上げにうるさく、スタッフたちにひどいパワハラを行なっていたとしたらどうなるでしょうか？

お客様に対して、「いらっしゃいませ！」と最高の笑顔とお辞儀で迎え入れたとしても、お客様が来るたびに心の中で、「この人は商品を買ってくれるかな…」「今日は売り上げ目標を達成できるかな…」「明日の会議でまた社長に怒鳴られるかな…」などの「マイナスの感情」を持ち続けていれば、マイナスの結果しか引き寄せず、ノルマも達成することはできません。

心の中の〝焦り〟や〝不安〟の感情は、お客様にも伝わるためです。

もちろん、ワンマン社長の態度は改める必要がありますが、問題は社長の罵倒やパワハラによって、スタッフたちのほとんどがマインドコントロール（洗脳）されてしまうことです。

しかし、そうしたマインドコントロールでも、マインドフルネススタッピングの手法を使って感情を整えていけば、冷静に対処できるようになります。あるいは新たな素晴らしい仕事を得るということも起こります。

仕事に限りませんが、何かを行なっているときは、**「今、自分はどんな感情を持っているか」**と意識することで、道は大きく開けていきます。

あなたは無限の可能性のかたまりであることを忘れてはなりません。

感情は周囲に伝播する

あなたの感情は、よくもわるくも周りに大きな影響を与えます。

たとえば、どんよりとした人が近くにいれば、周りの雰囲気もどんよりとしていきます。

ニコニコした赤ちゃんのような天真爛漫な人がいれば、周りにも笑顔が広がっていきます。

そういう経験をみなさんもお持ちではないでしょうか。

感情は、通常思われているよりもはるかに大きな力を持っています。

周囲に影響を与えますし、感情が伝染することは科学的にも明らかになっています。

感情が伝染するとなると、外見やマナー技術などを磨くことも大切ですが、**〝自分の感情に責任を持つこと〟**が重要になってきます。

あるとき、マナー教室や企業トレーニングの会社を運営されている代表の方から、エネルギーセッションの依頼がありました。

新大阪のサロンで初めてお会いすると、東京から来られたその女性の方は、笑顔、お辞儀の仕方、立ち姿、スーツの着こなし、名刺の出し方など、すべてが完璧でした。

ただ、私はすぐに〝違和感〟を覚えました。

外見はパーフェクトな女性経営者の内面から、〝不安なエネルギー〟が発せられているのです。

たとえるなら、包装紙や箱は豪華で完璧なのに、中身がともなっていないような感じです。

実際にセッションをはじめると、その方の〝自己受容〟がとても低いことがわかりました。あるがままの自分を認めきれていない状態です。

その方自身もそのことがわかっていて、自己受容の低さや心の内の満たされない気持ちをカバーするために、外見やマナーに意識を向けるようになったようです。

しかし、実際にはそれで自己受容が高くなったり、心が満たされることはなく、毎日やるせなさに襲われていたそうです。

それは心の大きな〝消耗〟となるため、私のエネルギーセッションを受けた経営者仲間から私のことを知り、ご相談に訪ねて来られたのです。

私は、その〝原因〟を「マインドフルネスタッピング」「エネルギーマイスター」「リミットブレイクマスター」を使って解放していきました。

セッション後、その方のお顔は、見違えるようにパッと明るくなられていました。

「もう大丈夫！　私は私、私のままでいい」

そんなやさしく温かい確信にあふれていました。


その後、その方は以前にも増して活躍の場を広げられて、今ではラグジュアリーホテルや東証一部上場企業の幹部トレーニングも行なわれています。

講座で習得された「マインドフルネスタッピング」や「エネルギーマイスター」なども研修に取り入れて、今まで以上に大きな成果が出ているそうです。

「セッションや講座を通して、〝やり方〟よりも〝あり方〟の大切さを知りました」

そう言われるその方の心からの笑顔には、一点の曇りもありません。

その方も、自分の感情に責任を持つことの大切さを体現してくれています。

〝感情どおり〟の世界が広がる科学的理由

一九九六年、イタリアの脳科学者によって、「ミラーニューロン」という脳内の神経細胞が発見されました。DNAの二重らせん構造の発見以来、最大の脳科学的発見とも言われてます。

ミラーニューロンとは、その名（ミラー＝鏡）のとおり、他者の行動を見て、自分が行動したかのように脳内で反応する神経細胞のことです。

たとえば、ホラー映画を見ているうちに、自分も映画の主人公と同じように怖くなったり、赤ちゃんがニコニコする姿を見ていて、自分も楽しく幸せになっていく現象は、この細胞の働きによるものです。

赤ちゃんで言えば、保育園などで一人の赤ちゃんが泣き出すと、それまで笑っていた赤ちゃんたちも次々と泣き出すことがありますが、それもミラーニューロン効果によるものです。

感情は、ダイレクトに伝わるためです。

映画やドラマの中で与えられた役になり切っている役者たちは、怖い場面では実際に恐怖を感じていますし、楽しい場面では心から楽しんでいます。

観客である私たちの心を動かすのは、役者の〝演技〟ではなく**〝感情〟**なのです。

このことは役者だけではなく、私たち全員に例外なくあてはまります。


感情が人に与える影響はそれだけ大きなものですが、量子力学的観点から見ると、さらに大きな影響を与えていることがわかります。

一九五七年、ヒュー・エヴェレット博士が「多世界解釈理論」を発表しました。

その理論は、簡単に言うと、自分自身の持っている思いの感情（エネルギー）が、そのまま世界（宇宙）に投影されるということです。

エヴェレット博士の理論は、発表当時は反発を生みましたが、近年では世界的な物理学者たちが支持する科学的理論となっています。

ハーバード大学の理論物理学教授リサ・ランドール博士も同様の理論を提唱し、多くの科学者たちの賛同を得ています。

つまり、科学的理論においても、**〝自分自身の感情どおりの世界が瞬時に返ってくる〟**ことが説かれているのです。

このことからも、〝思考〟ではなく〝感情〟が現実化することがわかります。

感情をコントールする手法

ここまででおわかりのように、あなたの感情はとてつもなく大きな力と意味を持っています。

いくら〝思考〟や〝言葉〟をコントールしていても、その奥にある「感情」がマイナスの状態にあれば、マイナスの結果しか得ることはできません。

逆に言えば、「行きすぎたマイナスの感情」を手放し、さらに〝幸せ〟を自分自身に埋め込むことができれば、その時点であなたは願望実現の達人となります。

そうなると、何かのアクションを起こす前に、**「感情をコントロールする手法」**を身に着けておくことがカギとなります。

そのツールこそが、「マインドフルネスタッピング」を含む『**ワンネスタッピング**』です。

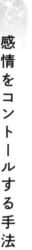

ここで、**「感情」を通して、潜在意識から〝真の思い〟をキャッチする方法**をご紹介しましょう。

work

潜在意識から「真の思い」をキャッチする方法の手順

❶ 「私は○○ができる」「○○を達成する」「○○が手に入る」と声に出して宣言します。

＊○○には、自分の叶えたいことを入れます。

❷ 宣言後、自分の感情をチェックします。

宣言したあと、自分の感情がプラスの状態になっているか、マイナスの状態になっているかを判断します。

どちらでもない場合は、マイナスの状態ととらえてください。

楽しい、うれしい、ワクワクするなど、〃プラスの感情〃があふれてくれば大丈夫！

あなたの思考（思い）と潜在意識の〃真の思い〃（本心）は一致しています。

両者が一致していると、必ず〃そのとおり〃の結果が得られます。

逆に、不安、心配、イライラなど、マイナスの感情を感じたら、〃宣言〃とは逆に、潜在意識の中に「できなかったら、どうしよう…」「どうせ無理…」という「マイナスの思い込み」が入っている証しです。

そういう場合は、その状態のままでアクションを起こしたり、頑張ることは危険です。

車にたとえるなら、ブレーキがかかった状態でアクセルを踏むことと同じですので、そのまま走行すると車は故障してしまいます。人であれば心身が壊れていきます。

そのときはまず、マインドフルネスタッピングを使って「マイナスの感情」を手放しましょう。

そしてさらに、前著『リミットブレイクマスターの最強法則』を使って、潜在意識の中にある「マイナスの思い込み」を外せば完璧でしょう。

自分の願い（思考）**と〝真の思い〟**（本心）**が一致すれば、その願いや夢、目標は自然と叶っていきます**。

本書で紹介する「マインドフルネスタッピング」だけでも効果は得られますが、前著『リミットブレイクマスターの最強法則』を実践することで、より最短最速で結果を出すことができるでしょう。

ぜひ、お試しください。

コラム

感情のコントロールによって業績が大幅に上昇した経営者

玉城慎吾さん（仮名）は、リラクゼーションサロンを多店舗経営されています。

同業者の経営者仲間の方が、私のセッションを受けられた後、大きく業績がアップしたことを知り、エネルギーセッションを受けに来られました。

玉城さんの夢は、現在の三店舗を倍の六店舗にすることです。その目標に向かって、寝食も忘れて仕事に没頭していました。

業績自体はよい状態を保っているものの、目標としている売り上げに届くことはありませんでした。

column

その間、玉城さんは経営コンサルタントからアドバイスをもらいながら、お店の運営方法やホームページを刷新したりしましたが、コストアップによる経営の圧迫を感じていました。

最初に玉城さんから感じたエネルギーは、〝気負い〟でした。

私は、次世代の〝エネルギー使い〟の超達人となる「エネルギーマイスター」という手法も教えています。

このメソッドは「気（エネルギー）」を扱えるようになるので、相手が発しているエネルギーを感じ取ることができます。

玉城さんは、「なんとか目標を達成したい！」「そのために頑張らなければ！」というエネルギーに満ちていました。

そのことをお伝えすると、そのとおりであることを打ち明けてくださいました。

その後、私はその〝気負い〟を外すために、「マインドフルネスタッピング」「リミットブレイクマスター」「エネルギーマイスター」、さらに「ディメンションライザー」を使ってセッションを行ないました。

セッションが終わると、玉城さんから発するエネルギーは、よい意味で真逆に変わっていました。

それまでの気負ったエネルギーが、柔和で温かいエネルギーになったのです。

マインドフルネスタッピングを使って、「目標を達成できなかったらどうしよう」という不安を解消し、その原因となっていた潜在意識の中にある「マイナスの思い込み」をリミットブレイクマスターで外し、エネルギーマイスターによって、プラスのエネルギー量を高めさせていただいたことが功を奏したようです。

玉城さんはその後、マインドフルネスタッピング、リミットブレイクマスター、エネルギーマイスターの講座を受講され、自分自身で感情、思い込み、エネルギーを整えることができるようになりました。

そのことと連動して、最初は少しずつ、やがて大きく売り上げも上がっていきました。

今では、長年の夢だった六店舗の経営をされています。

column

「これまで、お店の外装や内装、告知方法などの〝外側〟ばかりに目を向けていました。そのときは経費ばかりがかかり、とてもつらい状況でした。それがセッションや講座を通して、自身の〝内側〟に目を向けるようになり、驚くように経営状態が好転していきました。

自身の内側を整えることによって、経営状態だけではなく、家族との笑顔の時間が増えたこともありがたく思っています。肩の力を抜きながら、これほど幸せな日々を送れるようになるとは思ってもいませんでした」

玉城さんは、そう笑顔で話してくれました。

玉城さんに限らず、自分自身の感情をコントロールできるようになると、それまでうまくいかなかったことがスムーズに動き出していくのです。

第2章

「マインドフルネスタッピング」の開発

三十年を経てようやく得た光明

『マインドフルネスタッピング®』の開発には、三十年を要しました。

なぜ、それほど長い時間がかかったのかと申しますと、私が超凡人であることに尽きます。

今でこそ、自身の天命に沿った日々を送らせていただいてますが、十数年前までの私は、周囲に流されて生きていました。

〝他人のレール〟の上を言われるがままに、たんたんと歩くような虚しい日々を過ごしていました。

私は幼少期に受けたＤＶと貧困の影響もあって、とても病弱でした。心の内はいつも恐怖や怒り、悲しみにあふれていました。

「心の中の闇は、いつか終わるときが来る…」

そんなふうに自分を慰めていたものの、いっこうに闇が終わる気配はありませんでした。むしろ、健康も経済面も悪化の一途をたどっていきました。

「もうだめだ…」「いっそ天に還りたい…」と茫然自失の中、『思考は現実化する』という書籍に出会い、その理論に賭けてみましたが、私には逆効果だったことはお伝えしたとおりです。
ただ、〝思考〟ではなく、〝感情〟が現実化するということには確信が持てました。

それまでも、私は自分の感情を少しでも整えるために、学生時代は剣道をしていました。
直感ですが、日本古来の武道を学ぶことで、少しでも〝心の鍛錬〟ができるのではないかという期待からでした。

剣道は、礼にはじまり礼に終わります。
稽古の合間にある「黙想」は、ときとして心が穏やかになることのできる、私にとっては大切な時間でした。

ただ、黙想を行なっている間はある程度心が穏やかになりますが、稽古が終わるとまた心がざわつくのです。

心のざわつきを少しでも落ち着かせたい一心で、剣道以外にも柔道、気功、瞑想、呼吸法、ヨガなどを学ぶようになっていきました。

それらはみな剣道同様に素晴らしいものでしたが、私の心の内に巣くう「マイナスの感情」を一掃することはできませんでした。

さまざまな稽古の実践から三十年経ったころ、西洋に「タッピングセラピー」という手法があることを知りました。

東洋医学でいう経穴《けいけつ》（ツボのこと）を鍼灸治療の針のかわりに手で刺激することで、「マイナスの感情」を軽減できるというのです。

そのことを知った当初は、「まさか、そんな簡単なことで？」と驚きと疑いの念を禁じえませんでした。

さっそく、本を取り寄せて実践してみました。すると完全ではないですが、たしかに「マイナスの感情」が軽減したのです。

驚いた私は、すぐに講座を探して申し込みました。実践を通して、確実に体得したかったためです。

講座で深く学ぶと、これまでの手法より感情が整う実感がありました。

半面、手順が複雑なために覚えきれなかったり、効果が薄かったり、まったく効果がない場合もありました。

私はいつしか、「この西洋式の手法をさらに簡単に、強力なメソッドに進化させたい」という思いを強く持つようになっていきました。

しかし、どうすれば簡単かつ強力にできるのか、その答えを得ることはできませんでした。
それでも三十年を経て、ようやく一筋の光明を得られた瞬間でした。

「新たな時代」の最大の鍵は「和」

今、世界がとても混沌としてきています。これまでにない国家間の緊張も高まっています。この時代は、後世から見ると、とてつもない激動と変化の時代として語り継がれるのではないでしょうか。

これまでの資本主義の時代から、〝新たな枠組み〟としての「新たな時代」への過渡期が、今の時代です。

資本主義は、一八～一九世紀のヨーロッパにおいて、産業や社会が大きく変わった時期に発展しました。

日本では江戸時代にあたりますが、日本の資本主義は明治維新を期に導入されました。

資本主義経済とは、資本家が労働者を雇用して商品を生産し、利潤を追求する経済体制です。簡単に言えば、「強者が弱者を使う」時代です。

ここでいう〝強者〟とは、莫大な資産を保有している人たちです。

近年まで奴隷制による搾取が存在しましたが、実際は、今でもその状態に近い労働条件を強いられている人々が多数存在します。

残念ながら、日本も同じ状態になってきているようです。


資本主義はもちろんプラス面もあるのですが、一方で貧富の差の拡大、差別、対立、戦争の勃発などの大きな弊害も生み出しました。

「富めるものが勝つ」「力を持つことが正義」という方向では、もう人類はおろか地球そのものがもたないことは明白です。

このままでは、いずれ地球は防衛反応として人類を淘汰していくことになるでしょう。

では、〝新たな枠組み〟としての「新たな時代」とは、いったいどのような時代でしょうか？

まずは戦争などの争いをなくし、世界が一つになっていく必要があります。

人類だけではなく、動物、植物、自然、地球との調和が求められます。

世界が一つになる最大の鍵は、**「和」**だと私は確信しています。

「和」とは、自他ともに違いを認め合う〝調和〟〝融和〟〝平和〟など、**「愛」**にあふれたものです。

言い換えるなら、これからは**「力（男性性）の時代から、愛（女性性）の時代」**へと移っていきます。

そして、私たち日本人も一人ひとりが「和」を思い出し、それを広げていくことが鍵となります。

自分の〝感情〟〝エネルギー〟〝思い〟を整える

現在は、「世界平和なくして自分平和なし」という時代です。

昔と違って、よくもわるくも世界情勢はダイレクトに私たちの暮らしに直結しています。

自分や家族が幸せに暮らせれば、それでいい――そういう思いでは、これから起こる〝激流〟に飲み込まれてしまうでしょう。

自分や家族だけの〝ささやかな幸せ〟を願っていても、戦争やテロ、大災害に巻き込まれたら一瞬で壊されてしまいます。

自分自身と家族、大切な人たちと幸せな日々を送るためにも、世界平和（地球平和）が大事なのです。

今の世界情勢は非常に危険な状況です。陰《いん》が極まり、まさに〝一触即発〟の状態にあります。

このまま手をこまねいていると、遅かれ早かれ、日本も大きな力に巻き込まれていくことは明白です。

そうなると、もう個人の力ではどうにもならなくなります。

個人の自由もなくなるでしょう。家族を守ることもできなくなります。物質的な豊かさも一瞬で取り上げられるでしょう。

決して大げさではなく、人類、世界、地球は大きな分岐点、転換期を迎えています。

今、もっとも大切なことは、個々の**「プラスのエネルギー量」**を高めることです。

そうすることで、世界規模で仕掛けられ続けている意図的な〝マインドコントロールの罠〟にはまることがなくなります。

個々の「プラスのエネルギー量」が高まると、「国の指示だから…」とか「ニュースでそう言ってたから…」というような盲目的な判断ではなく、自分自身の判断力で決断できるようになります。

第二次世界大戦下、国やマスコミの発表を鵜呑みにすることで、多大な犠牲が出たことは歴史が証明しています。

私たちは〝同じ道〟をたどるわけにはいきません。

まず、自分自身の〝感情〟〝エネルギー〟〝思い〟を整える。
そして、「和」を意識して行動する。
「ワンネス」とともに生き、自分自身の霊性と魂を磨く。
それが〝覚醒〟です。

そうした〝目覚めた人〟が増えていき、世界が「和」で満たされるとき、世界平和、地球平和が広がっていきます。

いよいよ、〝そのとき〟は間近に迫っています。

何が起こっても、決して不安になる必要はありません。

今こそ、自身の〝内側〟を磨いていきましょう。

世界と宇宙の中心は〝あなた〟です。

ほかの誰でもない〝あなた〟から、素晴らしい世界をドラマチックに創っていきましょう！

究極の「和」の状態となるメソッド

マインドフルネスタッピングは、「和」のマインドを〝自動的〟に深めることができる強力なメソッドです。

マインドフルネスタッピングの方法は、手や指で手のひらや鎖骨の下などをトントンとタッピングする（叩く）だけという、いたって簡単なものです。

その手法の詳細については、これまで十数冊の本に書かせていただきましたが、「和」のことにはあまり触れてきませんでした。

文章では難しく思われる方もいるため、本では主にマインドフルネスタッピングの手法をお伝えし、「和」については、養成講座の会場やZOOMでお伝えしてきました。自身の体感を通して、深く落とし込んでいただくためです。

本書では、マインドフルネスタッピングの「和」についても詳細に書かせていただきます。なぜなら、今回初公開させていただく「ワンネスタッピング」は、究極の「和」の状態となるメソッドだからです。

また、本書で「和」に重点をおくもう一つの理由は。〝**機が熟した**〟からです。

今こそ「和」を深く知り、体感し、広めていく最適なタイミングだからです。

詳細は後述しますが、「和」を意識しながら、この手法を普段から〝日常使い〟されることで、日々の人生がまぶしく輝く素晴らしいものへと変貌し、「和の引き寄せ」による願望実現も起こせるようになっていきます。

進化を重ねているマインドフルネスタッピングとともに、いよいよ「あなたの時代」がはじまります。

〝ハワイの風〟で受けた恩恵

マインドフルネスタッピングは、東洋医学、脳科学、量子力学など、さまざまな科学的知見を融合させて作られましたが、さらに「和のマインド」を加えることで、唯一無二の手法となっていきました。

「和」とは、聖徳太子の『十七条憲法』第一条「和をもって貴《たっと》しとなす」をはじめ、日本古来から大切にされている「和の心」のことです。

そして、〝調和〟〝融和〟〝平和〟をはじめ〝女性性〟などのエッセンスも入っています。

このように、マインドフルネスタッピングは他に類を見ないほど〝簡単〟かつ〝強力〟なマインドフルネス手法でありながら、その奥には「和のエッセンス」がたくさんつめこまれています。

日々、楽しく実践していくと、知らず知らずのうちに、自分の心の中に希望の光そのものの「和」が広がっていく——そんな画期的なメソッドです。

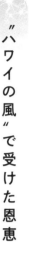

その「和」の部分については、「ワンネス」からの声に従うことによって、さらに深みを増していきました。

その声とは、「〝ハワイの風〟をじかに味わいなさい」ということでした。

当時の私には、金銭的な余裕はまったくありません。それどころか、水道光熱費を支払うのもやっとの状態です。

詳細は第３章で述べますが、結果的には何度もハワイに訪れることができるようになり、〝ハワイの風〟の恩恵を受けることもできたのです。

海外由来のものとしては、ネイティブアメリカンの聖地セドナからも強烈なインスピレーションを受けています。

そうして、「マインドフルネスタッピング」は完成していったのです。

日本とハワイの「和」の融合

日本とハワイには、共通点が多くあります。

自然に畏敬の念を持ち、動植物と共生します。

お金や物よりも、愛、幸せ、自然、宇宙などの見えざるものや、古代から〝すでに存在しているもの〟に重きをおきます。

母音言語で話し、虫の音を〝声〟として愛でることができます。

争いよりも平和を重んじます。

そのような日本とハワイのエネルギーが融合することで、東洋と西洋の融合への虹の架け橋となっていくのではないでしょうか。

それは、世界平和へとつながっていきます。


今の時代に求められているのは、〝融合〟です。

自分さえ、家族さえよければ——という考え（エゴ）は、宇宙の流れに即していません。

自国さえよければ——という国家も同様です。

宇宙の中心・根源であるワンネスは、何に対しても無償の愛そのものだからです。

国家間の〝距離〟が短くなった今、地球に存在している私たち人類は、地球規模で考えて行動することが求められます。

すべての動植物と自然との調和が大切だからです。

ご存知のように、国によって価値観はさまざまです。日本では考えられないようなことが、今、この瞬間にも、その国の〃常識〃や法律、宗教観として存在しています。たとえば、女性は勉強をしてはいけない、好きな職業に就いてはいけないなどです。

そういう〃ゆがみ〃は、正義の名のもとの戦い（暴力）では解決できません。むしろ敵愾心を増すだけで、状況はさらに悪化していきます。それは、これまでの戦いの歴史を見ても明らかです。

戦いは戦いを生むだけです。

最上の最善策は、〃**戦わずして勝つ**〃ことです。

さらに言うなら、〃**戦わずして融和する**〃ことです。

戦うのではなく、〃**和**〃**で包みこむ**のです。

〝戦わずして融和する〟ために必要なことは、まずは**〝自分自身と融合する〟**ことです。次の段階として、**〝他者と融合する〟**ことです。その次は、**〝国家間の融合〟**です。

そういう意味でも、同じ「和のマインド」「和のエネルギー」を持っている日本とハワイは、〝世界の虹の架け橋〟となる大切な役割を持っています。

マインドフルネスタッピングの効果

〝ハワイの風〟と、後述する〝ハワイの叡智〟からの恩恵を受けながら、それまでのメンタル手法とは一線を画す強力なメソッドとして、「マインドフルネスタッピング」が誕生しました。

効果は絶大でありながら、小学校低学年の子どもからご年配の方まで、誰もができる簡単でやさしい手法です。

マインドフルネスタッピングは、「行きすぎたマイナスの感情」を瞬時に手放し、解放してくれるメソッドですが、大きな特徴は、自分自身の中の幸せ（和）を無限に広げていけることです。

お金にたとえて言えば、〝借金〟を一気に減らせるだけではなく、〝貯金〟が自動的に無限に増えていくということです。

カウンセリングや心療内科では、つらい心の状況を軽減することに主眼をおいています。これは、対症的な治療をする病院でも同じです。怪我や病気などのつらい状態を軽減するために、何度も通院したり、手術を行なったりします。

実際には、つらさが軽減したとしても、つらい状況であることには変わりはありません。借金が減ったとしても、まだ借金が残っている状況と同じです。

しかし、マインドフルネスタッピングでは、長年にわたる「マイナスの感情」を瞬時に解放することに加えて、夢や願望を実現したり、「和の引き寄せ」まで起こすことができます。「和」に含まれている、幸せ、豊かさ、愛、光、希望などが無限に増えていくので、つらい症状や状況を解放することは、いわば〝おまけ〟としてついてきます。

マインドフルネスタッピングの効果としては、「和」が〝本体〟であり、つらい状態の軽減や解放は〝おまけ〟なのです。

病院で言えば、短期間でつらい症状がなくなり、超健康体になってしまうということです。

借金のたとえでは、いつのまにか〝貯金〟が増えているので、借金を全額返せるということです。

マインドフルネスタッピングの手法は、マイナスを少しでも緩和していくということではなく、マイナスの状況を短期間で劇的に好転させる、あるいは反転させてしまいます。

この手法はまさに「希望のメソッド」であり、「光の杖」です。

マインドフルネスタッピングの特徴

ここまで、マインドフルネスタッピングについてお話ししてきましたが、マインドフルネスタッピングの特徴を整理してまとめておきましょう。

●科学的根拠の裏づけがある

マインドフルネルタッピングのメソッドの開発は、東洋医学、脳科学、皮膚科学、鍼灸理論、量子力学等を融合して完成させています。

科学的、学術的根拠と論理があるため、学会発表や東証一部上場企業、医療現場、教育機関等にも取り入れられています。

●セルフで行なうことができる

自分で行なって強力な結果が出せるために、他者や何かに〝依存〟することなく、自分自身で日々の未来を開いていくことができます。

一度習得すれば、どこでも、どんな状況でも、身一つで行なえます。

「心のお守り」「光の杖」として、あなたを大きくサポートしてくれます。

さらに、講座を通して深く習熟することで、自分自身はもとより他者のサポートもできるようになります。

●超簡単

小学校低学年からご年配の方、外国の方まで誰もがすぐにマスターできます。実際、全国規模の幼児教育団体でも使われています。

いったん覚えてしまえば、知らず知らずのうちに自然に身についていきます。

マインドフルネスタッピングは、万国共通の〝平和創造メソッド〟です。

●超高速

通常では何年もかかるような「マイナスの感情」の手放しが、マインドフルネスタッピングを使うと数十秒で外れることも珍しくありません。

実際、精神科の医師がマインドフルネスタッピングを取り入れたケースでは、治療に十年かかるような症状の方が、わずか一回の治療で終わっています（133ページ参照）。

これまでのメンタルメソッドの常識を根底から覆すほどの、**圧倒的なスピードの速さ**があります。

宇宙的スケールから見れば、ほんの一瞬の短い私たちの人生ですが、マインドフルネスタッピングの手法を使えば、まぶしく輝く素晴らしい人生へとダイナミックに変えてくれます。

●超強力

とにかく、超強力な効果があります。

これまでも、精神科医・内科医の院長、教職者、東洋医学者、大学教授、心理学博士、住職、武道家、メンタル協会代表、経営者等々、多くの専門家の現場で大きな成果を上げており、再現性もとても高いです。

●体感がある

行なった瞬間、その場で〝体感〟が得られます。

実は、これはすごいことです。ほとんどのメンタルメソッドは、あまり体感がないからです。

マインドフルネスタッピングでは体感が得られるために、思考（論理）と肉体の両面で納得しながら、楽しく〝日常使い〟ができるようになります。

●お金がかからない

マインドフルネスタッピングを行なう場合、機材や品物をそろえたり、定期的に何かを購入する必要はありません。

本を読んで概要を知り、実践さえすれば誰でも行なうことができます。

さらに高度な手法の場合は、講座でインストラクターの直接指導を受けることで、生涯無料でさまざまなメソッドを使うことができます。

●「和」のメソッド

マインドフルネスタッピングには、**「和のマインド」**が無尽蔵にあります。楽しく軽やかに実践を続けることで、自然と心の内に、調和、平和などの「和」が広がっていきます。

世界平和の最大の鍵は、「和」を取り戻し、「和」の輪を広げていくことです。

さて、マインドフルネスタッピングの特徴をざっと見てきましたが、重要なことは、マインドフルネスタッピングの使い手が増えることで、世界平和への道が開けることです。一人ひとりが自然と〝内なるもう一人の自分（インナーチャイルド）〟と和解し、融合できるので、他者とも共感ができ、ワンネスとつながる感覚が広がっていきます。どんな状況であっても、心の内にはいつも「和」が寄り添ってくれます。何にも奪われることのない絶対的安心感、至福が広がる世界です。

「和の願望実現」を加速させる「三種の神器」

「マインドフルネスタッピング」以外のメソッドについても、簡単にご紹介させていただきます。

◇エネルギーマイスター

『エネルギーマイスター®』を習得することで、自分自身の「プラスのエネルギー量」を一気に高めることができます。

車にたとえるなら、馬力、安全性、快適性など、車の性能を高められるので、より心地よく、安全に、早く、目的地まで着くことができます。

ワンネスからこの手法を授かって十数年間、数万名の方が大きな効果を実感されています。

これまでに養成講座を受講された方には、レイキティーチャー、合気道の師範代、気功のマスター、結界師、住職等々、〝気〟や〝エネルギー〟のスペシャリストも多数おられます。

そういう方々ほど、エネルギーマイスターの実践を通して習得されると、

「こんなに簡単に習得できて、大きな結果が得られるものは、見たことも聞いたこともない」と驚かれます。

もちろん、気やエネルギーを学ぶのが初めての方でも、習得した瞬間から自分自身の「プラスのエネルギー量」が高まるので、健康、人間関係、仕事、お金、プライベートなどすべての面でダイナミックに好転していきます。

物理学でも証明されているとおり、すべてはエネルギーでできています。

自分自身の「プラスのエネルギー量」を高めることは、人生好転の最大の鍵です。

詳細については、既刊の『エネルギー量』『エネルギーマイスターの絶対法則』（ナチュラルスピリット社）をご参照いただければ幸いです。

◇リミットブレイクマスター

「リミットブレイク」とは〝限界突破〟という意味です。

『リミットブレイクマスター®』は「マインドフルネスタッピング」や「エネルギーマイスター」のいわば応用編とも言えますが、自覚できない潜在意識の中の「マイナスの思い込み」を軽々と手放すメソッドです。

車や飛行機にたとえるなら、余分に積みすぎている重たい荷物を手放し、車や飛行機の性能を最大に発揮できるようにします。

自分の知らない部分で、「できるわけがない」「できなかったらどうしよう」「どうせ無理！」といった「マイナスの思い込み」に囚われていたとしたら、どうなるでしょうか？

何をしようにも、「できない！」「無理！」といったつらい世界が広がります。

かつての私がそうでした。

約半世紀もの間、人生の最底辺をかろうじて生きてきました。

そんな私が、ワンネスからリミットブレイクマスターを授かった瞬間から、「マイナスの思い込み」を自分で手放せるようになったのです。

その効果は絶大でした。リミットブレイクマスターを実践しているだけで、数十年間叶うことのなかった夢や願望が、次々と叶うようになっていくのです。

雑草にたとえれば、地面から出ている部分を刈り取るのが「マインドフルネスタッピング」で、土の中にある根っ子ごと抜いていくのが「リミットブレイクマスター」です。

前著『リミットブレイクマスターの最強法則』（ナチュラルスピリット社）に詳しく書かせ

ていただいていますので、ご一読いただければと思います。「はじめに」でも述べたように、先にご紹介した「マインドフルネスタッピング」、前項の「エネルギーマイスター」、そして「リミットブレイクマスター」の三つを合わせると、**とてつもない相乗効果**が得られます。

それぞれのメソッドが、足し算ではなく、掛け算的に相互作用を起こすためです。「行きすぎたマイナスの感情」や「マイナスの思い込み」が瞬時に大幅に軽減できるだけではなく、自分自身の「エネルギー量」をプラスに高めることで、自他ともに笑顔と幸せの輪が広がっていく『和の引き寄せ』『和の願望実現』を起こせるようになります。

そのため、それら三つのメソッドを『**和の願望実現加速の「三種の神器《じんぎ》」**』と呼んでいます。

◇ディメンションライザー

「マインドフルネスタッピング」「エネルギーマイスター」「リミットブレイクマスター」の『三種の神器』を土台にした、さらなる応用進化版のメソッドです。

『ディメンションライザー®』とは、〝**次元上昇の達人**〟という意味です。

物質面とマインド面で次元上昇を果たします。

「リミットブレイクマスター」の項で〝雑草〟のたとえでご説明しましたが、雑草にたとえるなら、ディメンションライザーは根っ子の周りにある〝土〟ごと入れ替えてしまいます。

脳の仕組みから言うと、自覚できる顕在意識（思考領域）にある「行きすぎたマイナスの感情」に働きかけるのがマインドフルネスタッピング、自覚できない潜在意識（無意識領域）にある「マイナスの思い込み」にはリミットブレイクマスター、さらにその奥にある共通無意識層（集合的無意識）にまで働きかけることができるのが、ディメンションライザーです。

簡単に扱えるメソッドである反面、その威力はかなり強力です。

マインドフルネスタッピング、エネルギーマイスター、リミットブレイクマスターを講座を通して習得された方は、上位メソッドとして会得することができます。

自他ともに〝次元上昇〟（ディメンションライズ、アセンション）のお手伝いができるようになる、生涯の「光の宝」となります。

◇マインドフルネスタッピングスペシャリスト

マインドフルネスタッピングを他者に対して行なうことができます。

一瞬にして、他者の感情やエネルギーを整えることができるので、唯一無二の存在として多くの方々のお役に立てるでしょう。

さらに、**「夢の種」**を埋め込む技法もマスターできます。

「自分だけではなく、たくさんの方の笑顔と幸せ、夢の実現のサポートがしたい」という方にとっては、「光の杖」として大きな力となります。

◇遠隔マインドフルネスタッピング

エネルギーマイスタースペシャリスト講座で習得できる〝遠隔エネルギー〟と、マインドフルネスタッピングを組み合わせることで、「遠隔マインドフルネスタッピング」のセッションが扱えるようになります。

自宅や旅行先などのリラックスできる場所から、ZOOMやLINEなどのチャット機能を使って、遠隔セッションや遠隔コンサルティングが行なえるようになります。さらには、それらのツールがなくても行なえます。

相手が国内の方でも、海外在住の方でも、同じ結果が得られます。

私自身、海外のクライアント様への遠隔セッションをよく行なっていますが、対面セッションと同様の効果を得ています。

遠隔セッションができるようになると、活躍の場が飛躍的に広がります。

◇ワンネスマスター

ワンネス（宇宙の中心・根源）と深くつながることで、さまざまな人生の指針をワンネスからダイレクトに授かることができる究極のメソッドです。

自分自身だけではなく、他者に対しても的確なアドバイスを与えることができるようになります。

この手法を得ると、唯一無二の「スーパーアドバイザー」「スーパーセラピスト」「スーパーヒーラー」「スーパーコンサルタント」となっていきます。

『和の三種の神器』を日々、実践していくことで習得への道が開けてきます。

以上、「三種の神器」をはじめ、いくつかのメソッドをご紹介させていただきました。

未曾有の〝大転換期〟を迎えている今、これらのメソッドの使い手である「虹の仲間」を一人でも多く増やしていきたいと思っています。

そして、多くの方々の夢の実現のお手伝いをして、笑顔と幸せの輪を広げ、地球規模、宇宙規模のアセンションを果たしていくことを願ってやみません。

第3章

最上位メソッド「ワンネスタッピング」の完成

「ワンネス」からのインスピレーション

マインドフルネスタッピングを開発するにあたって、東洋医学や量子力学などの最新科学の知見を取り入れてきたことはすでに述べましたが、見えざる「大いなる存在（ワンネス）」からも多大なインスピレーションを得ています。

何かの〝答え〟を必死に求めているとき、私の場合はほとんど、まず単語やキーワード、光景（イメージ）が浮かんできます。

それらが大きなヒントとなり、最終的には答えが得られるのです。

マインドフルネスタッピングがいまだ開発途上にあったとき、ワンネスから幾度となくヒントが現われました。

それは「ハワイ」でした。

当時の私は、長年勤めていた会社をリストラされた直後でした。

無償で休日出勤をしていたほどで、一年を通してほぼ休みはありませんでしたし、そのときまでハワイには行ったことはありませんでした。

当時の私の貯金はゼロに等しく、借金を数千万円抱えていたこともあって、ハワイ旅行などは夢のまた夢です。

リストラ直後ですから時間はあるものの、経済的には困窮の極みでした。

そんな状態の私なのに、ワンネスから「ハワイを訪れなさい」という〝声〟を何度も感じるのです。

単に「南の島でリラックスしなさい」という意味ではないことは、私にもわかりました。

そのうち、「ハワイに行くことで、ようやくマインドフルネスタッピングが完成する！」という意味不明な確信が、しだいに私の心の内に広がっていきました。

その後、これもワンネスからいただいたのですが、『和の引き寄せの公式®』を使ったことで、奇跡的に何度もハワイに訪れることができるようになったのです。

ハワイに到着するとすぐ、私はダイヤモンドヘッドの巨大なクレーターの真ん中で瞑想を行ないました。

その後は、キラウエア火山の山頂をはじめとするさまざまなパワースポット、エネルギースポットで何度も瞑想しました。

そして、ついにマインドフルネスタッピングと、その進化形の最上位メソッドである『ワンネスタッピング®』を完成させることができたのです。

日本とハワイのルーツは同じ

第2章でも触れましたが、日本とハワイには多くの共通点があります。

たとえば言語です。日本語とハワイ語（ポリネシア語）は母音（あいうえお）の割合が非常に多く、母音を中心とした言語です。

母音中心の言語を使う民族（母音語族）は世界でも日本人とポリネシア人だけで、他の国々の言語はアジア大陸も含めて圧倒的に子音の割合が多く（子音語族）、子音中心の言語です。

「融和する母音」「威嚇する子音」とも言われ、たとえば舌打ち（チッ）の英語は、「tch」「tsk」で、kやsなどの子音は声帯ではなく、口や息で相手を威嚇する音です。

一方、母音は声帯の振動で自然に発せられるので、調和や融和をもたらす心地よく尊い音です。

母音は、風の音、波の音、虫の音などの自然音とも共鳴するために、母音語族は自然音も〝言語〟として感じ取り、自然と対話することができます。

「虫の声」を愛でることができるのは、母音語を話す日本人とネイティブハワイアンくらいでしょう。

日本人やハワイアンにとっては心地よい虫の音も、他の国々の人にとっては〝雑音〟や〝騒音〟でしかありません。

京都にある鈴虫寺は、外国の方からは「騒音寺」と呼ばれていることもその証拠です。

その他、日本とハワイには、自然に畏敬の念を抱いて大切にすることや、調和、融和、愛を重んじる「和のマインド」を持っていることも共通しています。

母音中心の言語は、宇宙とつながる神聖な言語です。

私は、日本人とハワイアンのルーツは同じではないかと考えています。

初めてハワイに訪れたとき、懐かしさや「帰ってきた！」という気持ちを覚える方が多いのも、そのせいかもしれません。

「ワンネス」とつながる手法の開発に着手

「ワンネスタッピングを一刻も早く開発しなければならない」

何かに突き動かされるかのようにそう思ったのは、近年、多くの方が「ワンネス」から離れ、自我の欲求を強く求める傾向がますます高まっているためです。

「過ぎたるは及ばざるがごとし」の言葉どおり、〝行きすぎた欲望〟は、過剰な枯渇感となってしまいます。

どれだけお金や物を得ていても、「まだ足りない」「もっと欲しい」という欲があると、常に枯渇感にさいなまれ、心の内に不安、心配、不足感が広がっていきます。

近代に入り、科学的技術が飛躍的に発展しました。

かつては高嶺の花だった電化製品や車、電子機器なども、今では多くの人が所有するようになりました。

中世の貴族や武将がどれだけお金を払っても、あるいは武力を行使しても得られないようなものを、現代の私たちは当たり前に持っています。スマートフォン一つとってもそうでしょう。

物質的には便利で豊かになった反面、心の枯渇感を覚えている現代人は年々増えています。

それは、多くの人が「ワンネス」と離れてしまったからです。


かつて世界史上、まれに見る平和な文明が存在しました。

縄文文明です。

一万数千年もの間、戦いの形跡がまったくなく、人々が調和し、豊かに幸せに生きていたことが考古学上わかっています。

縄文時代の人々は、当たり前に「ワンネス」とつながっていたのです。

縄文の人々は、山、川、海、動植物、さらには天候にまで深い感謝と畏敬の念を持っていました。

そして、誰もが〝喜び〟にあふれていたのです。

そのことこそが、世界史上、奇跡とも言われる、豊かで幸せな時代を築き上げた最大の要因です。

「もう一度、誰もが〝ワンネス〟とつながる手法を創り、手渡せ」


私は、その〝声〟をしきりに感じるようになりました。

同時に、なぜか数字の「3」が頭の中に広がっていくようになったのです。

新メソッドのキーワードは「3」と「キラウエア火山」

「新しいメソッドのキーワードは、3」

そのことがずっと私の脳裏にありました。

寝ても覚めても「3」の数字が離れません。

「マインドフルネスタッピング」の超進化形であり、最上位のメソッドとなる『ワンネスタッピング』は、特定の一カ所の経穴（ツボ）にタッピングを行なうことはわかっていました。

ただ、数字の「３」が何を意味するのか、ワンネスから受け取る必要がありました。

音楽のワルツのように三拍子でタッピングしてみたり、いろいろと試みたのですが、「これだ！」という感触を得ることはできませんでした。何かが微妙に違うのです。

「〝３〟の意味を解き明かしたい……」

ベッドに入ってからもあれこれと思いをめぐらせて、眠れない日々が続きました。

その後、「３」という数字とともに、今度は頭の中に別の光景が現われました。

ごつごつした黒い岩肌、満天の星の光が降りそそぐ中、山頂ではマグマが噴き出しています。

瞬間的に、キラウエア火山であることがわかりました。

最初は、「何かの拍子にキラウエア火山が浮かんだのかな」程度に思っていたのですが、その後も何度も同じ光景が現われるようになりました。

そのうち、「これは、ワンネスからのメッセージかもしれない…」「キラウエア火山に行くことで、〝３〟の持つ意味がわかるのかもしれない！」という思いが強くなったのです。

ただ、当時の私には大きな問題がありました。

キラウエア火山は、ハワイ諸島の東端のハワイ島にあります。

そこに行くためには、それ相応の時間とお金が必要です。

すでにオアフ島のダイヤモンドヘッドは瞑想に訪れましたが、新たにハワイ島に行くための資金と時間はありませんでした。

そこで、オアフ島へ行ったときと同じく、『和の引き寄せ法』を使いました。

「和の引き寄せの公式」や「禁断の3ステップ」などの『和の引き寄せ法』は、ワンネスから授けられたメソッドです。

この手法を使うと、それまで叶わなかった夢や願いを自在に起こせるようになります。

そのメソッドを使うことで、願望実現の「どのようにして」という部分がショートカットされ、奇跡的にキラウエア火山に行くことができたのです。

「和の引き寄せ」については、拙著『和の引き寄せを加速するマインドフルネスタッピング』(KADOKAWA)、『マイナスの感情を手放すとプラスの未来がやって来る』(三笠書房)などに詳しく書かせていただいたので、ご参照ください。

キラウエア火山で得たインスピレーション

標高一二四七メートルの山頂からは、ハワイ島と周りに広がる青い海が一望でき、火山体の中心にあるキラウエアカルデラからは噴煙が立ち上っています。

その光景は写真や動画では幾度となく見ていたものの、実際に眼前にするとまったくの別次元でした。やはり〝リアル〟に優るものはありません。

山体から感じる雄大で温かいエネルギーを受けながら、さっそくマインドフルネスタッピングとリミットブレイクマスターを組み合わせたオリジナルの瞑想を行ないました。

降りそそぐ清涼で強い陽射しを受けながら、ワンネスからの〝声〟をキャッチすることができました。

そして、マインドフルネスタッピングの〝新技〟が完成したのです。

ただ、それは今回の目的である「ワンネスタッピング」とは別の手法でした。

新技が完成したことはとてもうれしいのですが、一番の目的であるワンネスタッピングの完成のためのインスピレーションを得ることはできませんでした。

少し気を落としながら、ツアーガイドさんの車に乗り、ホテルへの帰路に着く最中、同乗していた別グループの方が、ガイドさんにハワイ島のショッピングなどについて質問されていました。

私は、ショッピングには興味がなかったので聞き流していましたが、ガイドさんが話された言葉に、ハッとわれに返りました。

「ハワイ島には、ショッピングをする場所はあまりありません。ショッピングならハワイ島よりオアフ島がお勧めです。ここではショッピングよりも、ハワイ島が発しているエネルギーを〝細胞〟で感じ取られてみてください」

その言葉を聞いた瞬間、「このガイドさんはワンネスと〝つながっている〟!」と感じたのです。

私はガイドさんに、ハワイから伝承されている〝ハワイの秘法〟などについて、疑問に思っていたことを質問しました。

「日本人に伝わっている〝ハワイの秘法〟は、残念ながら誤って伝わっています。本来はハワイ語で伝える言葉が英語に変えられ、さらにそれが日本語に〝誤訳〟されて伝わっているのです」

衝撃でした。私自身、ずっと「〝誤訳〟なのでは…？」と思っていたからです。

その後、ホテルに到着し、夜空に広がる満天の星を眺めながら、ガイドさんとの会話を思い出していました。

やがて深い眠りに落ちていきました。

帰国直後、再びハワイ島へ

日本に帰る機内では、ガイドさんとの会話が、ずっと頭の中で繰り返されていました。それは帰宅してからも続きました。

いても立ってもいられなくなった私は、帰宅と同時にアシスタントとして同行してくれた妻と娘に、「もう一度、ハワイ島に行きたい！　それもできるだけ早いうちに！　同じツアーガイドさんに貸し切り予約を入れてほしい」と言いました。

「帰国したばかりなのに、また行くの⁉」と驚く家族を尻目に、「そう！　もう一度ハワイ島に行かないといけない」と伝えました。

その後、ほどなくしてガイドさんからメールが届きました。

内容は、「貸し切り予約は大丈夫だが、本来十名乗りの車なので、七名分の料金を支払ってほしい」というものでした。

その条件で予約を入れました。

七名分の費用を支払ってでも、「もう一度、ガイドさんに会わなければならない」と思いました。

「会うことで、ワンネスタッピングが完成する」

そんな確信があったのです。


帰宅してもくつろぐ暇もなく、いまだ時差ボケの中、トンボ帰りのように再びハワイ島に向かうことになりました。

二泊四日の超強行スケジュールでした。

「3」が持っている〝答え〟を知りたいという一心でした。

そうして、私は再びキラウエア火山に到着したのです。

「新たに作る」のではなく「もともとある」

ガイドさんとの再会を果たした私は、今回は他のグループはいなかったので、ハワイ島のエネルギースポットを心ゆくまで案内してもらいました。

そして、ガイドさんから「ハワイの秘法」の〝真〟の内容を得ることもできたのです。このことは私にとって、とても大きな財産となっています。

キラウエア火山の山頂では、ガイドさんの手作りのランチをいただきました。シンプルなものでしたが、とてもおいしくいただきました。

その際、腰かけるのにちょうどよさそうな岩があったので、座ってみるとものすごく温かいのです。

驚いている私にガイドさんは、「それは昨年、キラウエア火山から流れ出た溶岩が固まったものです。山のエネルギーを受けているので、まだ温かいのです」と教えてくれました。

「あそこの溶岩が流れて固まった岩の上に、新しい家が建っているのが見えるでしょう。あの家は、少し前の噴火で溶岩によって焼き尽くされたのです」

私があたりを見渡すと、そんな〝新居〟が至るところにありました。

「自宅が燃える姿を、みなが避難しながら茫然と眺めていました。私の親戚の家も燃えてなくなりました。でも噴火が収まると、また溶岩の上に新たな家を建てたのです。噴火や溶岩に恨みを持っている人は誰もいません。それも自然の力だと、畏敬の念を持っているからです」

私はガイドさんの話に衝撃を覚えながらも、日本とハワイの共通点を感じました。

自然に対して、恨みや憎しみではなく、感謝と畏敬の念を持つことは、普通の日本人にとってはわりと当たり前のことでしょう。

でも、多くの国では、自然は〝制圧〟〝征服〟すべきものなのではないでしょうか。

たとえば、外国の人はエベレスト登山をする前に、「山を制圧する」と誓って登ります。その人たちにとっては、山は制圧すべき〝敵〟なのです。

一方、日本の場合は、「登らせていただきます」と手を合わせて、感謝と畏敬の念を捧げてから山に入るという風習がまだ残っています。

万物に神が宿っていることを知っているからです。

ガイドさんの話を聞いて周りを見渡すと、それまで単なる岩だと思っていたものが、すべて溶岩の塊であることがわかりました。流れ出した溶岩が、そのままの形で道をふさいでいる場所もありました。

その瞬間、私は強烈なインスピレーションを感じました。


「〝道〟はもともとあった！」

「新たに作るのではなく、不要なものを手放せば、もとの道が現われる！」


私はそれまで、〝新たに作る〟ことばかりを考えていたのです。

実際は、道にたとえるなら、**溶岩をどければ、道はもとどおりに現われる**のです。

〝新たに作る〟のではく、〝手放す〟ことで得ることができるのです。

「得《う》るは捨つるにあり」という言葉を思い出しました。

「人類の〝業〟（カルマ）を解くワンネスタッピングを早く開発しなければ！」

そんな〝焦り〟を手放せば、ワンネスタッピングは自ずと完成するという確信が得られた瞬間でした。

突然、現われた高次の存在

〝手放す〟ことで、ワンネスタッピングは完成する——そのことが〝わかった〟私は、キラウエア火山のエネルギーを受けながら瞑想をはじめました。

前著『リミットブレイクマスターの最強法則』で公開した「瞬間瞑想法」です。

すると突如、〝それ〟が現われたのです。

目を閉じていると明るい光に包まれ、体に心地よい温かさが伝わってきます。

感覚的に、〝それ〟がエネルギー体であることはすぐにわかりました。

求めていた〝ハワイの叡智〟が来てくれたことが、直感でわかりました。

すでにワンネスから知らされていた、やさしい〝ハワイの風〟も感じていたからです。

〝それ〟は、私に向かって語りはじめました。

〝ハワイの叡智〟「エラウ」との対話

「私の名はエラウ。あなたは今回、〝答え〟を知るために来ましたね？」

「はい、そうです」と私は答えました。

「今、地球で起こっている戦争、紛争、争いは、人々の心の内が、恐怖、怒り、悲しみなどであふれていることが原因です。それはわかっていますか？」

「わかっています」

「でも、地震や天変地異も、人々の感情とエネルギーの乱れが原因であることは、わかっていないでしょう？」

「わかっています！　だから来たのです」

語気を強める私に、エラウは続けて言いました。

「……あなたは、〝フラ〟のことをわかっていますか？」

「フラ…？」

「フラは〝癒し〟の側面もあるけど、マグマを抑える働きもあるのですよ」

そのとき、私は探し続けていた〝答え〟がわかったのです！
マインドフルネスタッピングの新メソッド「ワンネスタッピング」を完成させるヒント――常に頭の中に浮かび続けていた数字の「3」の意味がわかった瞬間でした。

かつて私は音楽好きが高じ、バンドを組んでライブ演奏などを行なっていました。担当はドラムです。

打楽器を演奏していたことと関係があるかどうかはわかりませんが、私は「ワンネスタッピング」のタッピング（叩き方）のリズムが、それまでのタッピングとは微妙に違うことが直感でわかっていました。

ただ、どうしてもしっくりくる叩き方が見つからなかったのです。

「3」という数字から、三拍子のワルツのような叩き方を試したことはすでに述べましたが、どうもピンと来ません。

それが、エラウが発した〝フラ〟という言葉で、何カ月もの間わからなかった〝答え〟が得られたのです。

〝フラ〟とは、フラダンスのフラです。

数字の「3」は、フラダンスで〝波〟の動きを模した手の動きのことを指していたのです。

三拍子で区切るのではなく。三拍子のあとに一拍おくのです。

フラダンスの波の表現は、手の先を上下に動かしますが、一・二・三のあとに（四）としてやさしく余韻を入れて、実質は四拍子で繰り返していきます。

それはたとえるなら、お母さんが赤ちゃんを寝かしつけるときのやさしい手の動きと同じです。

男性であっても、赤ちゃんやペットを寝かしつけるときは、トン・トン・ト〜ンと背中などにやさしく触れてあげるはずです。

その「トン・トン・ト〜ン」の〝三拍子〟（実質は四拍子）の「いち・に・さ〜ん」の「3」だったのです。

それまで数カ月間、謎だった「3」の意味がわかって、放心状態にあった私にエラウは言いました。

「これから生まれる新たなワンネススタッピングは、**人類の〝業《ごう》〟**（カルマ）**を解く鍵**となります。

今生だけではなく過去生も含め、人類の〝業〟が解けるのです。

このタッピングを広げることで、**新たな世界と地球**が築けます。

人類は〝新たな時代〟に移行できます」

エラウとの対話はここまででした。

私は放心状態のまま、ワンネスからの使者として、エラウが〝答え〟を授けてくれたことに深く感謝しました。

「ワンネスタッピング」の完成！

私は恐る恐る、エラウから教わったとおりに「ワンネスタッピング」を行ないました。すると、それまで感じたことのない感覚が押し寄せてきて、私は圧倒されました。

瞬時に「ワンネス」とつながるのです。

体感をもって「ワンネスタッピング」が完成したことを知りました。

特筆すべきことは、その〝**深さ**〟です。

タッピングを行なうことで、自分自身とワンネスの境目が消えていき、かつてない至福感、多幸感に包まれます。

それまでも、ワンネスとつながる手法はいくつか開発してきました。

瞑想歴数十年を経て開発した『瞬間瞑想法』や、誰もが数十秒で深いマインドフルネス状態となる『能力アップタッピング』などです。

それらも素晴らしい結果が得られるマインドフルネスメソッドであり、脳波も最適状態のミッドアルファ波優位となります。

しかし、「ワンネスタッピング」によって得られる〝ワンネス状態〟（マインドフルネス状態）は、まったくの〝**別次元**〟でした。

人類全体の〝業〟を解く

ワンネスと深くつながり、至福感に包まれている間、自分自身の**〝業〟**(カルマ)**がやさしく解けていく**ことがわかります。

ワンネスの〝愛〟や〝光〟の前では、業の〝闇〟や〝陰〟はあまりにも無力です。

ワンネスタッピングを行なうことによって、自分自身の枠を超えて、さらに人類の〝業〟も解かれていきます。

私たち人類は、太古の昔からさまざまな業を背負っています。

私たちの命は、今生限りではありません。人によっては、数え切れないほどの転生を繰り返しています。

ある時代では、人を殺めたこともあるでしょう。逆に、命を奪われたこともあるかもしれません。

人を憎んだことも、憎まれたこともあるでしょう。

肌の色や生まれた国、環境、性別によって、理不尽な迫害を受けたかもしれません。

それは〝魂の学びと成長〟のためです。

ひどくつらい経験をした人は、喜びのあふれる平和な世界を創ろうとするでしょう。「陰極まって陽となす」の言葉どおり、陰と陽、光と影、善と悪など、それらはすべて一対《いっつい》です。〝すべて〟を体験して知ることこそ、「ワンネス」という完全体に近づけるのです。

とは言え、魂の成長のためであっても、つらい経験は自分にとって大きなトラウマとなり、次の生を受けても〝業〟として潜在意識やＤＮＡレベルの記憶に残ります。それは科学的にも解明されています。

そのことが〝心のブレーキ〟となって今生の夢や願望を抑圧し、「どうせ無理…」「自分にはできない…」といった「マイナスの思い込み」となります。

それらの原因となる業をやさしく解かしてくれるのが、「ワンネスタッピング」です。

しかも、あなたの業が解けることで、あなたの大切な人やご縁ある人の業も解けていきます。

その連鎖は、最終的には人類全体の業までをも解かしていきます。

実践の場でわかった絶大な効果

私は臨床例を集めるために、まずは一〇〇名の方に「ワンネスタッピング」を行ないました。ワンネスタッピングに限らず、私は「ワンネス」から授かった〝新技〟は、最低一〇〇名の方に実践し、その結果を確認してから公開しています。

各エネルギーセッションや、経営者へのコンサルティングの場でワンネスタッピングを行なってみたところ、想像以上の手応えを得ることができました。

私のもとには日々、さまざまな方々が訪ねて来てくださいます。

会社員、学生、主婦をはじめ、医師、治療家、心理学博士、経営者、武道家等々の専門職の方々まで多士済々です。

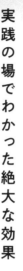

それらの方々にはいつものように、マインドフルネスタッピング、エネルギーマイスター、リミットブレイクマスターを融合した「マインドブロック解放セッション」を行ないます。

また、セッションや養成講座を受けられた方々の「和の願望実現」が飛躍的に早く起こるように、潜在意識に「夢の種」を埋め込んだりします。

その際に、ワンネスタッピングを加えてみると、さらに大きな効果が得られることがわかったのです。

その後もデータ収集を重ね、ついに「ワンネスタッピング」を発表できることになりました。

「自分平和」が「世界平和」への最短ルート

前章では、「世界が一つになる最大の鍵は〝和〟である」と言いました。

では、**「世界が一つになる最短ルート」**はなんでしょうか？

それは、**「自分自身の中に希望の光を灯す」**ことです。

具体的には、「どうせ無理…」「自分にはできない…」といった**「マイナスの思い込み」を手放す**こと。

不安、心配、恐怖、怒り、悲しみ、恨みなどの**「行きすぎたマイナスの感情」を手放す**こと。

自分自身の**「プラスのエネルギー量」を高める**ことです。

そのことで、揺るぎない〝自分平和〟が確立していきます。


最初のうちは、半信半疑でしょう。

私自身がそうでした。

しかし、「和の三種の神器」の持つ〝力〟は確実に作用していきます。

あるとき、あなたの心の内にある〝氷〟が溶けていく感覚に気づかれるでしょう。

注意点があるとすれば、やはり〝やったり、やらなかったり〟では効果は薄いということです。

たとえば、自分の顔や体を清潔に保ちたいと思っても、手洗い、洗顔、シャワー、入浴などをときどきしか行なわなかったらどうでしょう？

もっと健康になりたいと思っている人が、運動をしたり、体によい食事を摂ったり、睡眠の質を高めたり、マインドを整えたりすることを、ときどきしか行なっていなければ、効果はほとんど得られないでしょう。

手洗いや洗顔、歯磨きなどは数分しか要しません。

ただ、その行ないが習慣となっている場合と、〝ときどき〟しか行なわない場合とでは、効果に天と地の差が出ます。

「和の三種の神器」のメソッドも同じです。

マインドフルネスタッピング、エネルギーマイスター、リミットブレイクマスターは、小学校低学年の子どもでも、お年寄りの方でも、確実に行なえるように意図的に簡単にしています。

それらはワンネスから授かった手法ですが、その際にワンネスからは、

「誰もが簡単に使えるものを作り、手渡せ」

「簡単なだけではなく、これまでにない強力なものを創れ」

「〝和の三種の神器〟は〝新たな時代〟を創る手法だ。七世代先まで届くようにせよ」

そう厳命されています。

本来、飽きっぽく忘れやすい私は、そのことを生涯忘れないために毎朝、神棚に手を合わせて、次のように宣言しています。

「世のため、人のため、地球のため、七世代先までの平和のために、私をお使いください」

何ごとも二、三年しか続かなかった私ですが、「和の三種の神器」を授かってからは、毎日、なんらかの形でエネルギーをお送りしています。

すでに十四年が経ちましたが、一日たりとも休んだことはありません。不思議なことに、まったく疲れないのです。

ワンネスから授かった〝天職〟〝天命（ミッション）〟と思っているので、疲れないのかもしれません。

もし〝仕事〟であれば、これほどハードなことは続けられないでしょう。

無理をして頑張っているのではなく、〝夢中〟になっているのです。

先日、マインドフルネスタッピングの講座をZOOMで行なっていました。

気がつくとかなり時間が経っていたので、休憩をとることにしました。

休憩に入って、私が行なったのはマインドフルネスタッピングでした。

「あ、休憩中だから、タッピングのチャンスだ！」

そう思って、トントンしていたのです。

そのときは、自分でも笑ってしまいましたが、それほど「三種の神器」は心地よいのです。

行なえば行なうほど心の内が豊かに、幸せになり、さらに物質面でも願望実現や「和の引き寄せ」が起こっていきます。

今、この原稿を書いている休憩中にも、この本を読まれているみなさんにエネルギーマイスターを使って感謝のエネルギーをお送りしています。

本自体にも、何度もエネルギーマイスターのエネルギーを封入しています。

本から伝わるエネルギーを感じ取っていただけたら、私もうれしいです。

太陽や大自然は、休むことなく無償の愛を送り続けてくれています。

私は比較にならないほどちっぽけな存在ですが、少しでもみなさんや地球のプラスになればと、生涯続けていくつもりです。

この十数年間、ますます〝和の思い〟が強くなっています。

仮に一カ月後、隕石が落ちてきて地球が消滅することがわかったとしても、私は直前まで、今行なっていることを続けているでしょう。

なぜなら、肉体（ボディスーツ）を離れたとしても、本体である魂（エネルギー体）は残るからです。

そして、〝やり残したこと〟を次の生を受けて続けるためにも、「和の三種の神器」は必要だからです。

そうして〝来生〟でまたお目にかかり、懐かしさとともに笑顔で語り合えたらうれしく思います。


自分自身の中に〝希望の光〟を灯し、〝自分平和〟の輪が広がることこそが、世界が一つになる最短ルートです。

瞬時に、ワンネスと深くつながることのできる「ワンネスタッピング」は、世界平和のための最短・最速の手法です。

第4章

初公開！「ワンネスタッピング」の実践

驚くほど簡単、驚くほど強力

いよいよ、「ワンネスタッピング」の実践方法についてお伝えしていきます。

ワンネスタッピングの特徴は、「驚くほど簡単で、驚くほど強力」ということに尽きます。

簡単さについては、小さな小学生でもすぐに使えるほどです。

強力と言いましたが、アドレナリンやドーパミンが出るような、一時的なハイテンションではありません。

単にテンションを上げる方法はいくつもありますが、ハイテンションは長続きせず、むしろ「燃え尽き症候群」のような〃リバウンド〃が起きる場合がほとんどです。

ワンネスタッピングの力強さとは、〃安心感〃や〃至福感〃が胸の真ん中からやさしく広がっていくような感覚です。

この感覚は、通常の瞑想では長年の修行を重ねた方が、十回に一回得られるかどうかの領域です。

ちょっとしたコツさえつかめば、至福の〃ワンネス感〃や深い〃マインドフルネス状態〃を誰もが得られます。

その後は、自由自在に「マインドフルネスの達人」となっていくことができます。

ワンネスタッピングの実践

まず、ワンネスタッピングを行なう前には、準備運動として「リセットタッピング」を行ないます。

リセットタッピングは、普段から日々の習慣とされることで、自分自身の「プラスのエネルギー量」を高めることができます。

一日に何度も行なってもかまいませんし、副作用もありません。

リセットタッピングの論理的根拠としては、手のひらの側面の小腸経の経絡上にある〝後《こう》渓《けい》〟という経穴《けいけつ》（ツボ）を刺激することにあります。

手のひらの側面にあるツボは、小腸に対するリモコンスイッチのような働きがあります。

小腸が刺激されると脳に伝達物質が届いて、〝幸せホルモン〟と呼ばれるセロトニンやオキシトシンが放出され、脳波もリラックス状態を表わす副交感神経優位のミッドアルファ波が出てきます。

結果として、リラックス感とともに毛細血管も拡張し、血液の流れも改善され、心身ともによい状態に整っていきます。

ちなみに、ミッドアルファ波優位の脳波の状態は、**〝マインドフルネス状態〟**や**〝願望実現脳〟**と呼ばれています。

長期にわたる瞑想の修行を行なっていても、なかなか達することのできない領域ですが、リセットタッピングを使うと、ほぼすべての方が数十秒でその域に達します。

誰もが一瞬で〝ゾーン〟に入り、リラックスしながら集中できるハイレスポンス状態となります。

副作用はないと言いましたが、うれしい〝福作用〟としては、顔や肌がツヤツヤピカピカになっていくことです。

リラックスすることで自律神経が整うので、それまでストレスなどで収縮していた毛細血管が元の状態に拡張するためです。肩や腰の〝はり〟や〝こり〟が軽減する方も多いです。

毎日、お気楽に使ってみてくださいね。

work

『リセットタッピング』の手順

❶ 両方の手のひらの側面同士を、トントンとリズミカルに叩き合わせるだけです。

❷ 叩く強さは心地よい程度、時間は十秒～十数秒ほどでかまいません。

＊もし、心配、不安、イライラなどを感じるときは、第五章で紹介している『「不安・心配・恐怖」を手放すマインドフルネスタッピング』『「イライラ・怒り・ストレス」を軽減するマインドフルネスタッピング』を先に行なうことで、より効果が高まります。

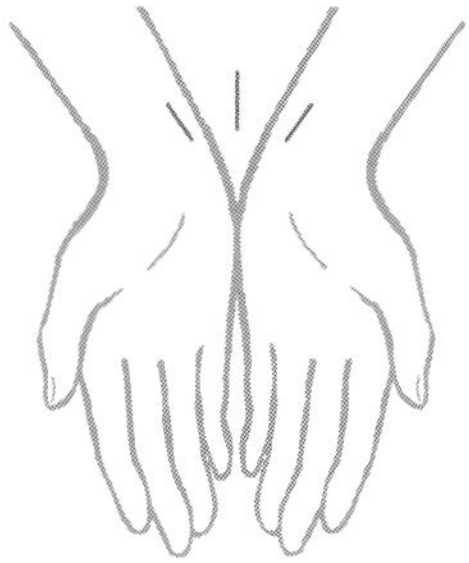

上は、両手の手のひらをそろえてタッピングする例。下は、空手チョップのように手刀で、十字の形でタッピングする例。自分のやりやすい方法で行ないます。

work

『ワンネスタッピング』の手順

❶ まず、準備運動として『リセットタッピング』を行ないます。

＊少し長めに二十～三十秒程度行なうと、より整います。

❷ 顔を少し上向きにして、口角を上げます（少しニッコリします）。

❸ 呼吸を楽にします。

❹ 左手の手のひらの真ん中に、右手の「中指」の先の腹の部分をおきます。

＊人差し指と薬指の先の腹の部分を軽く添えてもかまいません。

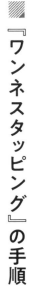

work

❺ 目を軽く閉じます。

＊まぶたの裏側で、目は少し左上に向けます。

❻ その状態で、お母さんが赤ちゃんを寝かしつけるときのように「トン・トン・トン・ト～ン」とやさしくタッピングを行ないます。

＊十秒～三十秒程度行ないます。

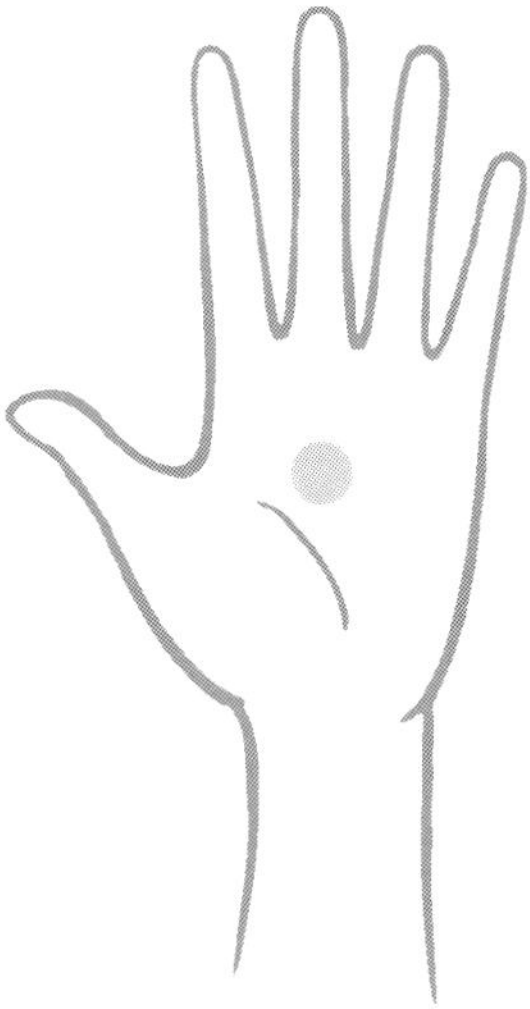

タッピングする箇所は、左手の手のひらのちょうど真ん中あたり。

work

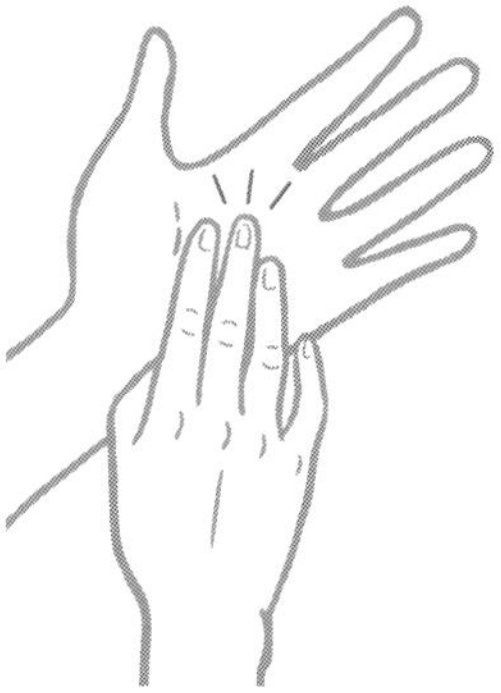

❹の左手の手のひらの真ん中を右手の中指の先の腹の部分で、「トン・トン・ト〜ン」とタッピングします。人差し指と薬指を添えても大丈夫です。

❼ そのまま数十秒、心地よさを味わいます。

❽ ゆっくりと目を開けます。

いかがでしょうか？　信じられないくらい簡単ですよね。

「なんだか目や頭がスッキリした！」

「心から安心感、リラックス感が得られた」

そんな方もおられるかもしれません。

「何も感じられなかった…」という方も大丈夫です！

ちょっとしたコツさえつかめば、すぐに感覚が得られるようになります。

自転車に乗れなかった子どもが、あるとき〝スッ〟と乗れるように、何度か行なっているうちに自然とできるようになります。

時間がある方は、タッピングを一分程度行なってみてください。

さらに至福感が得られます。


「ワンネスタッピング」はとても簡単なのですが、先に述べたように、ほんの少しの〝コツ〟がいります。

コツをつかめば、いつでもどこでも自在に「ワンネス」と一体になれます。

楽しみながら、続けていただけたら幸いです。

さらに効果アップ！

ワンネスタッピングを行なう際、以下のことを準備していただくことで効果はアップします

○事前に部屋の空気を入れ替える
○オーガニックアロマなどの自然な香りを取り入れる
○鳥のさえずり、南の島の波の音など、リラックスできるＢＧＭを流す

また、「三種の神器」と合わせることで、よりいっそうの効果が得られるので、順番にご説明します。

◇「リミットブレイクマスター」との相乗効果

リミットブレイクマスターは、「どうせ無理…」「自分にはできない」などの「マイナスの思

い込み」を簡単に手放すことができます。

リミットブレイクマスターによって、マインドフルなゼロポイント（中庸）になれます。そのフラットな状態でワンネスタッピングを行なえば、より深く解放されて、ワンネスと同体になります。

私たちはさまざまな「マイナスの思い込み」を〝意図的に〟入れられています。

それらの封印をリミットブレイクマスターで外していけば、「新たな時代」の最短ルートへと促してくれます。

また、ワンネスタッピングの手順の❺の「軽く目を閉じます」のあと、『瞬間瞑想法』を行なってからワンネスタッピングをすると、あなたの〝魂の目覚め〟を後押ししてくれるでしょう。

『瞬間瞑想法』については、前著『リミットブレイクマスターの最強法則』をご参照ください。

◇「エネルギーマイスター」との相乗効果

エネルギーマイスターは、自分自身の「プラスのエネルギー量」を格段に高めてくれます。

スマホにたとえれば、受信感度が一気に高くなることを意味します。

あなたの〝受け皿〟が飛躍的に大きくなるため、ワンネスからのさまざまな情報をダイレクトに受け取ることができるでしょう。

これまで武道家や気功師、施術家など、〝気〟や〝エネルギー〟を扱う専門家の方々が多数、エネルギーマイスターを受講されています。

その彼らが、エネルギーマイスターの簡単さ、効果の高さ、結果が出るスピードの速さに驚かれています。

私たちは、知らず知らずのうちに「プラスのエネルギー量」を小さくさせられているので、気やエネルギーのことを学んで来られなかった方ほど、エネルギー量を高めることが重要です。

◇「マインドフルネスタッピング」との相乗効果

ワンネスタッピングは、マインドフルネスタッピングの進化版であり、最上位メソッドです。

第6章でご紹介していますが、各種のマインドフルネスタッピングの手法を〝日常使い〟することで、ワンネスタッピングとの相乗効果が得られます。

具体的には、不安、心配、恐怖、怒り、イライラ、悲しみ、恨みなどの「行きすぎたマイナスの感情」を手放し、リセットタッピングを日々何回も行なうことで、〝自動的〟に**「幸せ貯金」**が増えていきます。

そうして自分自身をプラスの状態に整えた上で、ワンネスタッピングを行なうことによって、より早く、より深くワンネスとつながることができるでしょう。

以上、簡単ですが、ワンネスタッピングと「三種の神器」と合わせたときの相乗効果です。さらに深くマスターされたいという方は、ぜひ講座を受講されて、直接指導による実践や体感を通して習得されることをお勧めします。

あなたから広がる〝笑顔〟と〝幸せ〟

「はじめに」のところで、ワンネスタッピングを通して、できることは二つと述べました。

一　ワンネスとつながることで〝絶対的安心感〟と〝幸せ〟を得て、その場で至福感に包まれます。

二　〝業《ごう》〟（カルマ）を解くことができます。

実際、ワンネスタッピングを日々行なうごとに〝業〟（カルマ）が解けていきます。

ワンネスタッピングを行なえば行なうほど、自然に自分らしく軽やかに生きていくことができます。

〝本来のあなた〟に戻っていくのです。


あるとき、ワンネスとの一体感を細胞レベルで感じられることでしょう。

〝その瞬間〟、今まで味わったことのないような至福感が得られます。

あなたとワンネスが、深くつながった証しです。

あなたとワンネスとの〝パイプ〟が開通します。

その後は、叶えたい夢、願い、目標に対して思考で考えるのではなく、ワンネスからダイレクトに〝方法〟を得られるようになっていきます。

あなたの望みが現実化するスピードが飛躍的にアップします。

そして、あるがままの状態で〝天命（ミッション）〟を思い出し、天命に沿って生きていくようになるでしょう。

天命に沿ってワンネスとともに生きることは、この上ない至福の日々と人生になります。


あなたから、たくさんの笑顔と幸せ、喜びの輪が広がっていきます。

コラム

〝薬を使わない精神科医〟による「三種の神器」の評価

〝薬を使わない精神科医〟が存在します。

長塩奉子先生です。

通常では考えられないほど、おつらい経験を経て医師となり、深い知識と知見、そして慈愛をもって多くの患者さんを劇的な改善に導かれています。

私自身、長塩先生とは魂のご縁を感じています。

長塩先生との出逢いは二〇二三年一一月、セッションのお申し込みをいただい

column

たことからはじまります。以前より、何冊も拙著を読んでくださっていたそうです。

ただその後、すぐに不思議なことが起こります。

セッション当日になっても長塩先生が来られないのです。

ZOOMでずっと待機していたのですが、結局現われることはありませんでした。

後日、ていねいな文面で、「大変、失礼いたしました。セッション直前まで待機していたのですが、セッションの直前に急に睡魔に襲われて、眠ってしまっていたようです」との連絡をいただきました。

その時点では、まだ長塩先生とは面識がなかったのですが、「きっと、日々の診療のお疲れが出たのだろうな」と思った私は、「よかったら、また別の日にお待ちしていますね」と返信しました。

長塩先生は恐縮されながらも、日をあらためてセッションを希望されました。

そして、再度のセッションの当日、長塩先生はまた現われなかったのです。

私は『ワンネスマスター®』という手法を使って、ワンネスから直接情報を得ることがあります。

今まで、二回もセッション当日に現われないということはなかったので、その〝理由〟をワンネスにたずねてみました。

答えは、「まだ時期ではない」ということでした。〝機が熟していない〟とのメッセージです。

長塩先生から再度ていねいな文面で、お詫びの文章をいただきました。

私は経験上、「次も〝何か〟が入るはず」と思いながら、再度セッションを設定し直しました。

しかし、〝予想〟どおり、三度目のセッションにも長塩先生は現われることがなかったのです。

半年経った二〇二四年五月、ふと長塩先生のことが頭に浮かびました。

私は、「今なら大丈夫！」という〝直感〟とともに、長塩先生に連絡を入れてみました。長塩先生も、ちょうど私のことを考えていたということがわかりました。

そうして四回目にして初めて、長塩先生とZOOM越しに対面することができ

column

たのです。

初対面で、すぐ〝原因〟がわかりました。

長塩先生は霊性があまりにも高く、さらには慈愛が強いために、負のエネルギーにまとわりつかれていたのです。これまでに見たこともない数十人の生霊の存在が見えました。

ただ、それらの霊的存在は長塩先生に恨みがあるわけではなく、「助けてほしい」とすがっているのです。

「薬を使わずに、どのように患者さんを治療されているのですか？」

私の質問に長塩先生は、次のように答えられました。

「つらくて泣かれている患者さんがいれば、その方の手を握って、一緒に涙を流すこともあります」

そこまでして、患者さんに心から向き合う精神科医は初めてだったので、私は感動とともに驚きました。

反面、そのやさしさ、慈愛の強さが災いとなり、四六時中、複数の「助けて」という念がまとわりついていたのです。

エネルギーマイスターなどでプロテクトを行なわずに人に触れると、マイナスのエネルギーが逆流することが多々あります。

たとえるなら、燃えさかるストーブに手を近づけると、手はじんわりと温かくなりますが、ストーブに直に手をあてると、手は大やけどを負ってしまうことと同じです。

医師に限らず医療従事者、ボディセラピスト、美容などのお仕事をされている方は、エネルギーマイスターなどでプロテクト法を身につけておくことが必須です。

私はセッション前に浄霊を行ない、生霊を祓いました。

その瞬間、長塩先生のお顔に生気が戻ってきました。それまでのとてもつらそうな表情とエネルギーから、本来の姿である楽し気で純粋なエネルギーに戻られました。

実際、長塩先生は私のセッションを受けるまでの十数年間、心身ともに限界状態だったそうです。

column

セッションメニューに載せることはないのですが、私は浄霊を行なうことがあります。メニューに載せないのは、浄霊の専門家ではないからです。場合によっては、私自身も攻撃を受けてしまうため、よほどのご縁を感じる方にしか行なうことはありません。もし行なう場合でも、無料で行なっています。

ちなみに、浄霊とお祓い、除霊は別のものです。

お祓い・除霊はいったん霊を取り除くだけなので、一時的に離れるだけで、またすぐに戻って来てしまいます。マイナスのエネルギーはそのままなので、この世に残り続けます。

対して浄霊は、マイナスの想念のエネルギーをプラスに変えて、霊界へ導きますので、この世には残りません。

私は、陰陽師のもとで訓練と鍛錬を積んでいたときに、お祓いや除霊を受けた人がいったんは楽になるものの、またすぐに元の状態に戻るのを何度も見てきました。

本人が苦しいことはもとより、時間とお金も際限なくかかります。

私はそのことを反面教師として、お祓いや除霊でお金を得てはいけない、行なうのであれば、浄霊を行なうということを肝に銘じています。

もちろん、そのことは私の個人的な思いであり、実践です。


浄霊は、その方に憑いている霊と対話して、説得し、納得してもらう行為が必要となります。そのために、本人の協力と実践も必要となります。

具体的には、〝赦し〟〝感謝〟によるマイナスの感情の手放しなどです。

そういう場合でも、ワンネスから授かった「三種の神器」であるマインドフルネスタッピング、リミットブレイクマスター、エネルギーマイスターは、とても大きな力を発揮します。

特に浄霊に関しては、『ディメンションライザー®』という手法を使うと圧倒的な光の力が得られます。

この「愛と赦しのメソッド」を習得すると、他者に頼ることなく、自分自身でさまざまなディメンションライズ（次元上昇）を起こせます。

ディメンションライザーについても、また別の機会でお伝えできればと思って

column

います。

長塩先生に行なったセッションでは、マインドフルネスタッピング、リミットブレイクマスター、エネルギーマイスターの三つに加えて、ディメンションライザー、ワンネスマスター、ワンネスタッピングのすべてを駆使しました。

セッション自体はほんの数分でしたが、これまでの十数年間、どんなメンタル手法でも外れなかった〝心の中の大きな荷物〟が取れたことに、長塩先生はとても驚かれていました。

驚きとともに長塩先生は、「エネルギーマイスター、リミットブレイクマスター、マインドフルネスタッピング、ディメンションライザーのすべてを学びたい」と言われました。

精神科医として「三種の神器」を治療に取り入れることで、患者さんを劇的に改善できると確信されたためです。

長塩先生は精神科医であり、国内外のあらゆるメンタル療法を熟知されていますが、「三種の神器」の威力に勝る療法はなかったそうです。

精神科学、脳科学の観点から、精神に支障をきたす最大の要因は、過去のトラウマ記憶によることがわかっています。

幼少期に受けたトラウマ記憶は、本人に自覚がなくても、無意識の領域の〝潜在意識〟の中に入っています。

薬に頼ることなく治療を行なう場合は、潜在意識の中に格納されているトラウマ記憶を解放することが必須となります。

長塩先生は長年の研究と経験から、「国内外でのメンタルメソッドには、潜在意識のトラウマ記憶を解放するメソッドはない」と言われます。

それどころか、「潜在意識の〝フタ〟を中途半端に開けるだけのメソッドでは、患者さんの快方どころか、かえって悪化させる」と警鐘を鳴らされています。

「三種の神器」は潜在意識の〝フタ〟を開けるだけではなく、トラウマ記憶を解放します。しかも患者さんの負担はいっさいなく、強力かつ簡単、さらには圧倒的スピードで治療が可能となるので、長塩先生も大変喜んでくださっています。

「三種の神器」を習得されてからの長塩先生の治療結果には、目を見張るものが

column

あります。

これまでは治療に十年以上かかるような患者さんが、わずか一回の治療で完治することも珍しくないのです。

その凄まじいまでの〝威力〟は、長塩先生のみならず、患者さんまでが驚かれています。

「〝三種の神器〟の使い手が精神科医の中に増えることで、素晴らしい精神治療革命、さらには医療革命が起こせます」

強い確信とともに、長塩先生は多くの患者さんの心に〝希望の光〟を灯されています。

長塩奉子先生は、同じ思いを持った「虹の仲間」として、七世代先まで続く地球平和の礎を築くために、ともに〝光のリーダー〟を育成してくださっています。

第5章

「感情」をコントロールする方法

最強の引き寄せ力は〝感謝〟

「願望実現」や「引き寄せ」を加速させる最強の力は、〝感謝〟です。

〝感謝力〟に勝る引き寄せの力はありません。

宇宙の法則は、「投げたものが返ってくる」「与えたものが返ってくる」です。

それは、科学的にも説明できる絶対的事実です。

日々、「ありがとう！」「うれしい！」に包まれていたら、さらに感謝の気持ちが湧き出すような、幸せな出来事が引き寄せられます。

ちなみに、**〝間違った感謝の仕方〟**もあります。

たとえば、「常に〝ありがとう〟と言う」「人が喜ぶことをする」という行為自体は素晴らしいのですが、そのときの**〝自分自身の感情〟**がポイントなのです。

イライラしたり、不安になりながら、「ありがとう」と何万回唱えても、その後の好転はありません。むしろ、マイナスの世界が広がっていくでしょう。

すでにお伝えしていますとおり、ただの〝言葉〟（ありがとう）よりも、本当の〝感情〟（イライラ、不安）のほうが圧倒的に力が強いからです。

私自身、かつて「ありがとう」とずっと唱えていたことがあります。

「ありがとう」を一万回以上唱えると奇跡が起こるという本を読んだからです。

それから私は、車で通勤する車内や自宅にいるときは、常に「ありがとう」と唱えていました。

数カ月後、唱えた数は一万回はおろか、十万回にも達していました。

私に〝奇跡〟は起こったでしょうか?

いいえ、状況はかえって悪化したのです。

理由は明白です。**「感情が現実化する」**からです。

私は一日中「ありがとう」と唱えながら、心の内は不安や心配などであふれていました。

さらに、「これだけ〝ありがとう〟と唱えているのに、なぜ現実はよくならないんだ!」と怒りさえ覚えていました。

そのような「マイナスの感情」の状態では、不安や心配、怒りをともなうような出来事が引き寄せられて当然です。

「ありがとう」と感謝する前に、**「行きすぎたマイナスの感情」を手放す**ことが先決なのです。

しかし、当時は、その手法が存在しませんでした。

今では、マインドフルネスタッピングを使えば、誰もが簡単に手放すことができます。そして、感謝力は〝自動的〟に高まっていきます。

たとえば、虫歯が悪化して、とても歯が痛い方がいたとします。痛みでイライラして、意識も朦朧としているかもしれません。

そんな方が虫歯の治療をされて、痛みから解放されるとどう思われるでしょうか？

「ああ、よかった！　ありがとうございます！」と感謝するでしょう。

「行きすぎたマイナスの感情」も同じです。

それを手放すことで、〝自動的〟に感謝の気持ちが湧き上がってきます。

先日、エネルギーセッションを行なっている際、ある方より相談を受けました。

その方は、人が喜ばれるようなことをずっとし続けているそうです。

でも、いっこうに自分にはよいことは起こらないということです。

「私の知人も同様のことをしていますが、その人にはどんどんよいことが起こっています。同じことをしているのに、なぜ私にだけ、よいことが起こらないのでしょうか？」

私は即答しました。

「見返りを期待しているか、していないかの違いです」

その方は、ハッとされたようです。おそらく、そのとおりだったのでしょう。

他人によいことをしてあげているのに、なぜ自分にはよいことが起こらないのかと、心の奥ではイライラしたり、不安になったりしていたのです。

その方は、講座を通してマインドフルネスタッピングを習得されて以降、次々とうれしいことや、幸せな出来事が自然と起こっています。

寝る前に〃大きな夢〃を願う

寝る前に〃大きな夢〃を願うことも、感情を整えることとしてとても大切です。

大きな夢とは、**「明日も生きていること」**です。

「え？　そんな他愛もないこと……？」

そう思われる方もおられるかもしれません。

私もそうでした。大きな夢とは、お金や物を手に入れることだと思っていたのです。

当たり前のことですが、大金や豪華な物を手に入れたとしても、死んでしまったらなくなります。

本当に大切なことは、〝当たり前のこと〟〝他愛もないこと〟の中に隠れています。

中でも、もっとも大切なことは、あなたやあなたの大切な方が〝生きていること〟です。

そのことに気づくと、それが磁石のような求心力となり、さまざまなことが好転していきます。

寝る前に、〝大きな夢〟（生きていること）を「ワンネス」（宇宙の中心・根源）に感謝しながら、願ってみてください。

目が見えること、

手や足が動くこと、

ご飯が美味しく食べられること、

鳥の鳴き声が聞こえること、
水道や電気やガスが使えること、
お店が開いていること、
あなたが生きていること、
みんなが生きていること……

それらに意識を向けて、自然に感謝するだけで大丈夫です。
一見、当たり前に思えることは、すべて奇跡です。

朝一番、運気を劇的に上げる方法

寝る前に〝大きな夢〟を願ってから朝起きると、今までとは違う感覚があるかもしれません。
それまでは、朝、起きたときに雨が降っていると、「あ〜あ、これから出かけるのに、雨かぁ……」などと気分が下がっていたかもしれません。

もしくは、いつものように、顔を洗って、歯を磨いて…とたんたんとルーティンをこなしているかもしれません。

すると、その一日は〝下がった一日〟となる可能性が高いでしょう。

〝下がった感情〟が求心力となり、さらに下がるような出来事を引き寄せるためです。

そこで、朝一番に行なうと、劇的に運気が上がることをしていただきたいのです。

それは、寝る前に願った**〝大きな夢〟**（生きていること）**を確認する**ということです。

昨晩、寝る前に願った大きな夢、翌朝に自分が生きていること、自分の大切な人が生きていること、それを朝一番に確認するのです。

そして、大きな夢が叶ったことをワンネスに感謝します。

このことを毎日実践していくと、最初は少しずつ、そしてあるときから加速度的に運気が上がっていきます。

右肩上がりの直線ではなく、曲線の弧を描くように上昇していきます。

朝一番に、「雨かぁ…」「仕事かぁ…」とトーンダウンすると、その「マイナスの感情」（マイナスのエネルギー）が求心力となり、〝マイナスのスタート〟〝マイナスの一日〟となってしまう可能性が高くなるのです。

一方、朝一番から「大きな夢が叶った！　ありがたい！」というふうに、「プラスの感情」（プラスのエネルギー）に満ちあふれていると、そのエネルギーが求心力となって、〝幸せなスタート〟〝幸せな一日〟となっていきます。

〝ちょっとしたこと〟でも、継続したときの効果は絶大です。

少しずつでもマイナスのエネルギーを使っていけば、やがて大きなマイナス作用が働きます。プラスのエネルギーを使っていけば、もちろん大きなプラス作用が働きます。

プラスのエネルギーを使い続けることで、〝豊かで幸せな人生〟〝笑顔あふれる充実した人生〟となっていくのです。

毎日、大きな夢を叶えていきましょう！

イエスが教える〝豊かさ〟と〝貧しさ〟

どれほどの大富豪であっても、不慮の事故や思わぬ大病で余命いくばくもなくなれば、「全財産すべてと引き換えてでも、生きていたい……」

そう思われるはずです。

〝生きていること〟は、それほどまでに尊く、素晴らしい、ワンネスからの最大のプレゼントです。

そうは言っても、ときとしてそのことを忘れてしまいます。もちろん、私もです。

だからこそ前項のように、毎日、〝大きな夢〟を叶えていくことが大切なのです。

繰り返すこと、反復することで、その大切さが腑に落ちていくからです。

もし、人間関係やパートナーシップをはじめ、お金、物、仕事、地位、名誉などへの欲求が、とても強くなったときは要注意です。

その〝枯渇感〟は、他の部分においてさらなる〝欠乏〟をもたらしてしまいます。

『新約聖書』の「マタイ伝」第一三章一二節に次のような言葉があります。

「持っている人は、さらに与えられて豊かになるが、持っていない人は、持っているものまでも取り上げられてしまう」

この言葉は〝マタイ効果〟とも呼ばれて、経済学でもよく引用され、「富裕者はますます豊かになり、貧窮者はますます貧しくなる」というふう解釈されています。

そのせいかどうかはわかりませんが、現在の資本主義では、〝豊か〟になるためには他者を蹴落としてでも、お金や物を獲得する世界が広がっています。

結果、弱肉強食の世界となって強者はますます豊かになり、弱者はますます貧しくなります。

その格差が、不満、差別、政情不安、内乱、紛争、戦争などの大きな要因となっています。

ただ、私はそうは思いません。

宗教のことはよくわかりませんが、それでもイエスが、そのような無慈悲な言葉を発したとは思えないのです。

「持っている人」とは、お金や物を持っている人ではありません。
「持っていない人」とは、お金や物を持っていない人ではないのです。
「持っている人」とは、心が豊かな人です。
「持っていない人」とは、心に豊かさがない人です。

イエスをはじめいろいろな〝マスター〟たちが伝えたいことは、

「富、地位、権力、名声などを持っていたとしても、心の内が貧しければすべてを失う」
「心の内が、喜び、幸せ、希望、感謝などで豊かに満たされていたら、物質面も含めて、ますます豊かになっていく」

そういう〝**宇宙**（ワンネス）**の真理**〟ではないでしょうか。

「本当に大切なこと」の順番

ここで一つ、ワークをご紹介します。

このワークが〝腑に落ちる〟と、さらに運気が上昇していきますので、ぜひお試しください。

やり方はとても簡単です。

「本当に大切なこと（もの）」に〝順番〟をつけていくだけです。

たとえば、私の場合は、

1　自分が生きていること
2　家族が生きていること
3　虹の仲間、友人、知人などの大切な人が生きていること
4　自分の目が見えること
5　家族たちの目が見えること
6　虹の仲間、友人、知人などの大切な人の目が見えること
7　自分の右手が動くこと
8　家族たちの右手が動くこと
9　虹の仲間、友人、知人などの大切な人の右手が動くこと

10　自分の左手が動くこと……

といった感じです。

そうやって、「本当に大切なこと（もの）」に順番をつけて紙に書いていくと、衝撃的な事実が浮かび上がります。

私で言えば、それまで一番大切だと思っていた〝お金〟や〝物〟は、「368番目」くらいだったのです！

私は、「こんな〝小さなこと〟に、ずっと振り回されてきたのか……」と茫然となりました。

もちろん、お金や物も大切です。

ただ、優先順位をつけると、もっと大切なものがたくさんあるということです。

さらに重要な事実があります。

「本当に大切なこと（もの）」は、ほとんどの人がすでに得ているということです。

私のリストで言えば、トップにあることは、本書を読んでくださっているあなたは今、すでにお持ちになっています。

漫画『北斗の拳』風に言うなら、**「あなたは、すでに持っている」**のです。

そのことに気づいて感謝することで、今は持っていないかもしれませんが、「小さなこと（もの）」は自然な形で、ベストタイミングで手に入るようになっていきます。

なぜなら、**自分自身の内側である〝感情〟〝エネルギー〟〝思い〟が、外側を作るための最大の力**となるからです。

そして「本当に大切なこと（もの）」、つまり〝大きな夢〟はすでに叶っているのです。

「行きすぎたマイナスの感情」を手放す方法

本章の冒頭で、願望実現や引き寄せを加速させる最強の力は、〝感謝力〟と言いました。

そして、感謝する前に、「行きすぎたマイナスの感情」を手放すことが先決とも言いました。

ここでは、その具体的な方法をご紹介しましょう。

感謝の気持ちが湧き出てくるためには、まず〝**手放す**〟ことが大切です。
手放すのは、以下の二つです。

一　不安、心配、恐怖、イライラ、怒り、悲しみ、恨み、ストレスなどの「行きすぎたマイナスの感情」

二　「どうせ無理…」「自分にはできない」などの「マイナスの思い込み」

私はこれらを**「二つの心のブレーキ」**と呼んでいます。
フレッシュな空気をたっぷりと吸い込むためには、まず先に息を吐ききる必要があります。同様に、不快な感情やマイナスの思い込みを先に手放すことで、感謝の気持ちが〝自動的〟に湧き上がってきます。

さあ、この「二つの心のブレーキ」を「マインドフルネスタッピング」の手法を使って、手放していきましょう。

「不安・心配・恐怖」を手放すマインドフルネスタッピング

〝不安〟〝心配〟〝恐怖〟などの**「行きすぎたマイナスの感情」**を持ち続けていると、極端に言えば、足がすくんで何もできなくなってしまいます。

叶えたい夢や願い、目標があったとしても、躊躇してアクションが起こせません。

結果的に、それらの夢や願いは叶うことはありません。

私自身、マインドフルネスタッピングを授かる前は、それらの感情を手放すことができず、数えきれないほどの〝チャンス〟を逃してきました。

素晴らしい条件のオファーをいただいても、不安、心配、恐怖が邪魔をして、「その日は予定が入っていて…」などの言い訳を重ねて逃げていたのです。

そういう状態が続くと、「どうせ無理…」「自分にはできない」といった「マイナスの思い込み」も刷り込まれていきます。

ところが、「不安・心配・恐怖」を手放すマインドフルネスタッピングを行なうと、それまでのマイナスの感情が幻のように薄れて、消えていったのです。

私の場合は、幼少期から尋常ではないトラウマを抱えていたので、潜在意識の中の「トラウマ記憶」に働きかける「リミットブレイクマスター」なども使いましたが、通常であれば、このタッピングの手法で十分です。

〝負のエネルギー〟でもある「行きすぎたマイナスの感情」の〝呪縛〟が解けると、まるで別世界に来たかのように人生が開けていきます。

ぜひ、このメソッドを「心のお守り」としてお使いください。

work

「不安・心配・恐怖」を手放すタッピングの手順

❶ そのときのマイナスの感情の「数値」を書き出します。

＊最大値を10、何も感じないおだやかな状態を0として、0から10で数値化します。

❷ 「リセットタッピング」を五～十秒くらい行ないます。

＊「リセットタッピング」は113ページ参照。

❸ 「目の下」（頬の上部）をタッピングします。

＊両手の人差し指と中指の二本の指の先の腹で、心地よい強さでリズミカルに五～十秒くらい叩きます。

❹「鎖骨の下」をタッピングします。

＊両手の人差し指、中指、薬指、小指の四本の指の先の腹で、心地よい強さでリズミカルに五～十秒くらい叩きます。❹の鎖骨の下だけは、少しゆっくりと叩きます。

両目の下のやわらかい部分をタッピングします。薬指を加えて三本の指先で行なうなど、自分のやりやすいように行ないます。

work

❺ 「数値」がどの程度下がったかチェックします。

＊場合によっては、❶から❺を数回繰り返します。

ちなみに、「数値」は〝ゼロ〟にならなくても大丈夫です。

「最初より減った」「楽になった」、そんな状態であれば大丈夫です。

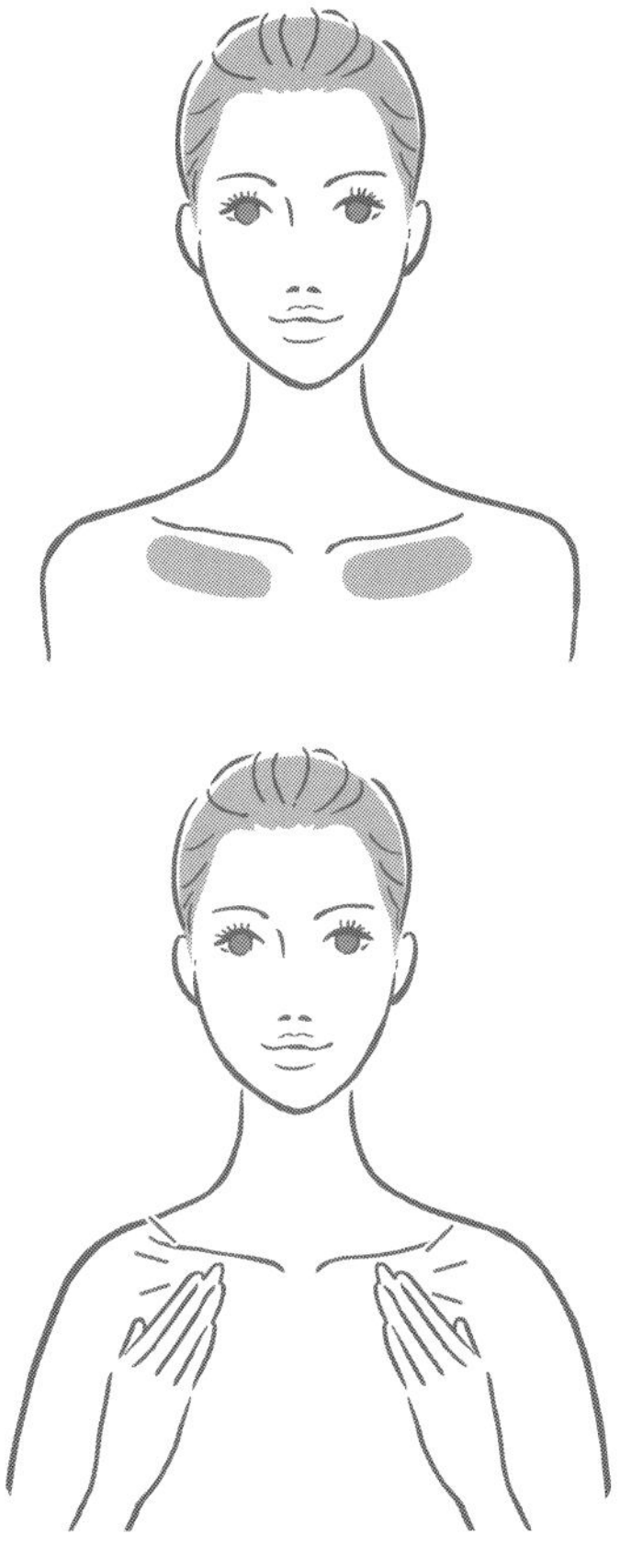

上図の鎖骨の下のやわらかい部分をタッピングします。

いかがでしょうか？

それまでの不安や心配、恐怖は軽減しましたか？

「どうせ無理…」が「やってみよう！」に変わった方、おめでとうございます！

そのほかの方も、何度もその場でマインドフルネスタッピングを行なうことで、確実に「マイナスの感情」は軽減し、最終的には〝**幸せ引き寄せ体質**〟となっていきますので、ご安心くださいね。

「イライラ・怒り・ストレス」を軽減するマインドフルネスタッピング

自分自身の**「プラスのエネルギー量」**を、わるい意味で最大限に消耗させてしまうものは〝**怒り**〟です。
よく映画やドラマなどで、ひどく怒っている人が急に胸を押さえて倒れ込んでしまう場面があります。

実際、強い〝怒り〟によって心臓に負担がかかり、命さえ失ってしまう場合があります。

もちろん、〝怒り〟自体がわるいわけではありません。すべての感情は必要だから備わっています。

ただ、「イライラ・怒り・ストレス」などを〝持ち続けている〟と「行きすぎたマイナスの感情」となって、あらゆる面で自分自身にダメージが広がります。

普段は自覚がなくても、あるとき突然、マグマのように噴出してしまう場合もあります。いわば〝キレた〟状態です。

そうなると自分だけではなく、周囲の人たちも含めて、破壊的な状況になる可能性が高くなります。

そうならないまでも、イライラ、怒りを溜め込んでいると、常に神経が高ぶっている交感神経優位の状態となり、〝コルチゾール〟が放出されてしまいます。

コルチゾールは「ストレスホルモン」とも呼ばれ、過剰に分泌されると免疫力の低下、血圧や血糖値、コレステロール値の上昇などを招き、脂肪もつきやすくなります。

結果的に成人病やうつ病などを発症しやすくなるのですが、私自身、それらの症状を抱えて、長年にわたって苦しんでいました。

東洋医学の観点から見ても、怒りは、心臓に重篤な症状が出ることを助長させることがわかっています。

さらには、脳科学で解明されている「ミラーニューロン効果」によって、〝イライラの波動〟は周囲にも伝わり、近くにいる人たちまでがイライラしてしまいます。

プラス・マイナスに関わらず、**自分自身が発している〝感情〟**（波動・エネルギー）**は周りに伝わる**のです。

そういう意味でも、普段からマインドフルネスタッピングを使って、**「マイナスのエネルギー」を手放していく**ことが大切になってきます。

work

「イライラ・怒り・ストレス」を軽減するタッピングの手順

❶ そのときのマイナスの感情の「数値」を書き出します。

＊最大値を10、何も感じないおだやかな状態を0として、0から10で数値化します。

❷ 「リセットタッピング」を五～十秒くらい行ないます。

＊リセットタッピングは113ページ参照。

❸ 左手の「小指の爪の側面」をタッピングします。

＊左手の小指の薬指側の側面、爪のつけ根あたりを右手の人差し指の先の腹で、心地よい強さでリズミカルに五～十秒くらい叩きます。

❹ 左手の手のひらの「人差し指と中指の間」をタッピングします。

＊左手の手のひらの人差し指と中指の股の下の部分を、右手の人差し指、中指、薬指の三本の指の先の腹で、心地よい強さでリズミカルに五〜十秒くらい叩きます。

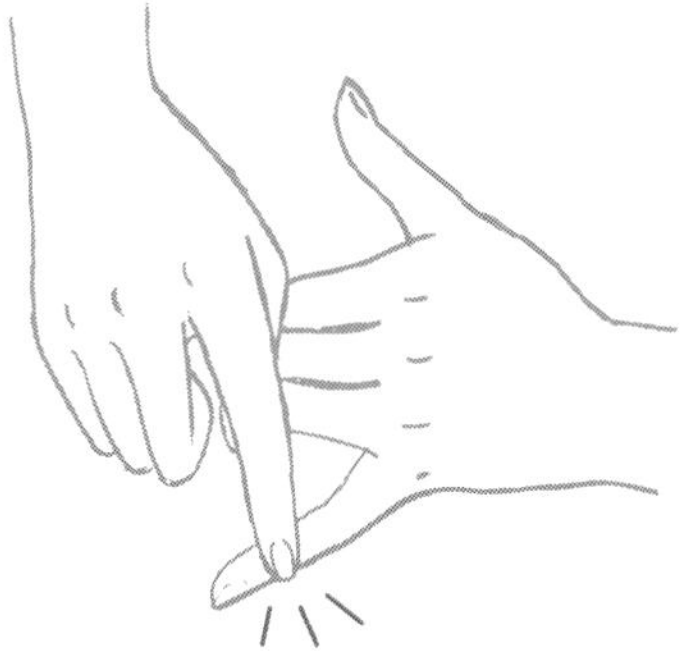

左手の小指の爪の下、薬指側の第一関節あたりを右手の人差し指の先の腹でタッピングします。イラストは一つの例です。自分のやりやすい方法で行ないます。

work

❺ 鎖骨の下をタッピングします。

＊両手の人差し指、中指、薬指、小指の四本の指の先の腹で、心地よい強さでリズミカルに五～十秒くらい叩きます。❺の鎖骨の下だけは、少しゆっくりと叩きます。

❻「数値」がどの程度下がったかチェックします。

＊場合によっては、❶から❻を数回繰り返します。

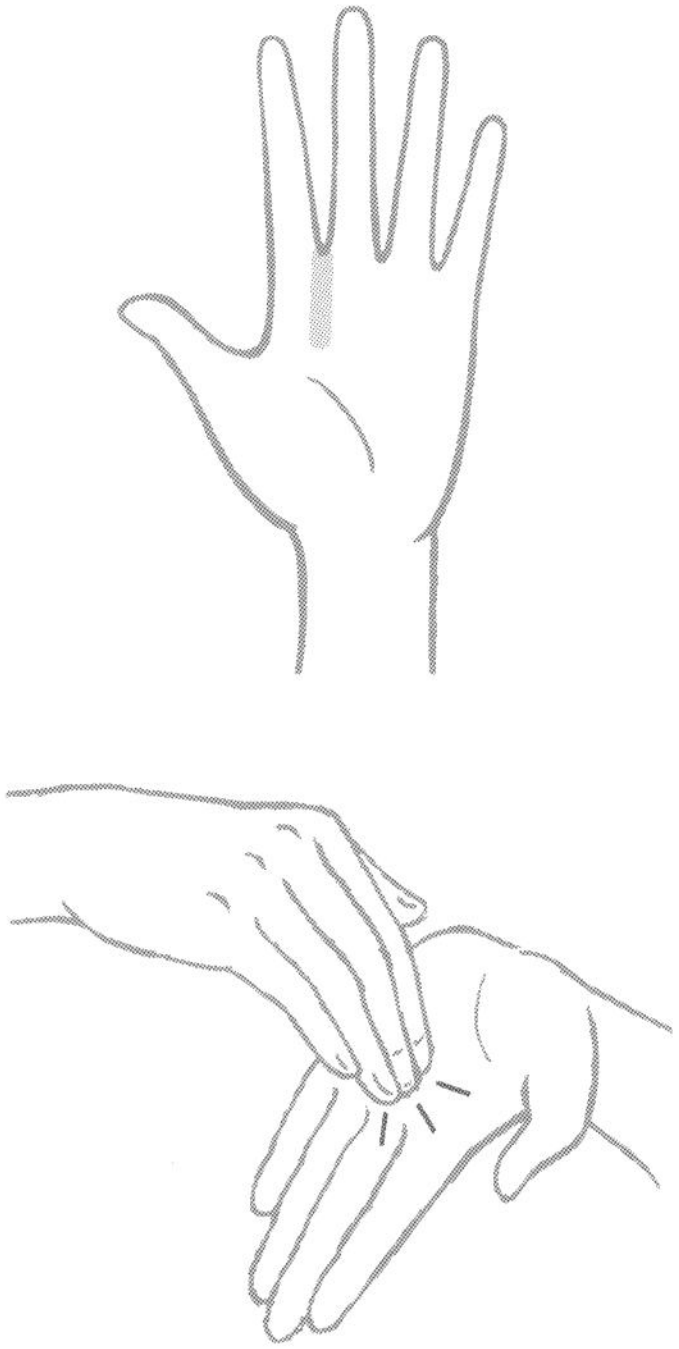

左手のひらの人差し指と中指の股の下の部分（上図）を右手の指の先の腹でタッピングします。指は三本でも、人差し指と中指の二本でも、自分のやりやすい方法で行ないます。

この手法も「心のお守り」として、覚えていただけたらうれしいです。

「イライラ・怒り・ストレス」を手放され、あなたの笑顔と幸せが「プラスのエネルギー」となって、周りの方々に伝わっていきますように！

「悲しみ」を軽減するマインドフルネスタッピング

最後に、「悲しみ」を軽減するマインドフルネスタッピングをご紹介します。

大切な方との死別、ペットロスなど、それまで愛情を感じていた存在の喪失感は、ずっとつきまといます。

その悲しみは〝思考〟で抑えることはできません。

この手法は、そういう方々の悲しみを軽減するマインドフルネスタッピングです。

work

「悲しみ」を軽減するタッピングの手順

❶ そのときのマイナスの感情の「数値」を書き出します。

＊最大値を10、何も感じないおだやかな状態を0として、0から10で数値化します。

❷ 「リセットタッピング」を五〜十秒くらい行ないます。

＊リセットタッピングは113ページ参照。

❸ 左手の手のひらの中指と薬指の間をタッピングします。

＊左手の手のひらの中指と薬指の股の下の部分を、右手の人差し指、中指、薬指の三本の指の先の腹で、心地よい強さでリズミカルに十五〜三十秒くらい叩きます。

❹ 左手の手のひらの「薬指と小指の間」をタッピングします。

＊左手の手のひらの薬指と小指の股の下の部分を、右手の人差し指、中指、薬指の三本の指の先の腹で、心地よい強さでリズミカルに十五〜三十秒くらい叩きます。

work

❺鎖骨の下をタッピングします。

＊両手の人差し指、中指、薬指、小指の四本の指の先の腹で、心地よい強さでリズミカルに五～十秒くらい叩きます。❺の鎖骨の下だけは、少しゆっくりと叩きます。

❻「数値」がどの程度下がったかチェックします。

＊場合によっては、❶から❻を数回繰り返します。

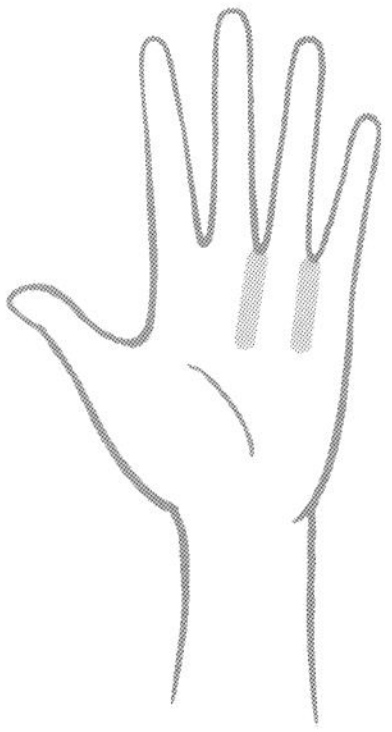

左手のひらの中指と薬指、薬指と小指それぞれの股の下の部分を、「イライラ・怒り・ストレス」を軽減するタッピングと同じようにタッピングします。

肉体を離れ、天に還られた存在は、あなたの悲しい顔を見ることは、とてもつらく思われています。いつも、あなたの笑顔と幸せを願っているためです。

あなたが笑顔を取り戻して幸せになることこそが、天に還られた存在も一番喜ばれることではないでしょうか。

悲しみがつきまとうときは、このメソッドを試してみてくださいね。

第6章

「宇宙の仕組み」を知る

与えたものが返ってくる

「宇宙の仕組み」をひと言で言うなら、〝因果の法則〟です。

わかりやすく言えば、〝原因〟と〝結果〟のことです。

過去に作ったなんらかの原因によって、未来の結果が決まります。

つまり、**「与えたものが返ってくる」**のです。

特にダイレクトに返ってくるものは、自分自身の**〝感情〟〝エネルギー〟〝思い**（思い込み）〟の三つです。

いくら見かけや表面上をきれいに取りつくろったとしても、内面がともなわなければ結果はついてきません。

「ワンネスはすべて（心の内）**を見ている」**と言われるゆえんです。

うわべの言動ではなく、心の内が問われます。

〝やり方〟よりも〝あり方〟が問われます。

本来は、「正直者が得をする」のが宇宙の真の姿です。

「与えたものが返ってくる」ということは、言い換えると、**「すべては自分自身の〝投影〟である」**ということです。

自分自身の〝内なるもの〟が、そのまま返ってきます。

宇宙の仕組みから言えば、その人の外見、財産、地位、名誉、権力などは、〝投影〟の根拠や要因とはなりません。

となると、それらを得るためにいくら頑張っても、あまり意味はありません。

「お金さえあれば、幸せになれる！」と思って行動している人は、〝お金のペット〟となっています。お金が主人で、その人はペットです。

その人の人生の主人公は〝お金〟であり、その人自身は〝付属品〟なのです。

それほど無意味な生き方はありません。

あなたは付属品でも脇役でもありません。

あなた自身が、あなたの人生の主人公であり、宇宙の主人公です。

もちろん、お金は必要がないものではないですし、わるいものでもありません。

むしろ素晴らしいものです。

本来、お金は〃愛のかたまり〃です。

「たくさんの人のお役に立ちたい」

「笑顔と幸せの輪を広げたい」

「感謝の中で生きていきたい」

あなたが、そう思いながら仕事（志事・ミッション）を行なっていると、宇宙銀行から自然と〃幸せなお金〃が流れてきます。

お金を得ようとして、どれだけ努力するかではなく、どれだけたくさんの人に喜びを与えるかです。

あくまでも〃外側〃ではなく、〃内側〃に重きをおくことが大切です。

外側のことは自ずとついてきます。

なぜなら、内側である感情、エネルギー、思い（思い込み）が、ダイレクトに外側に〃投影〃されるからです。

あなたの人生に投影されるだけではなく、あなたの大切な家族や友人にも波及します。さらに、国、世界、地球、宇宙にまで投影されていきます。

そういう意味では、**あなたの感情、エネルギー、思いは、〝世界を創っている〟**ことを意識する必要があります。

あなたが〝すべて〟を創っています。

あなたは、それほどまでに尊い存在なのです。

地球に生まれてきた目的

「宇宙は愛であふれている」

そう言われたら、どう思いますか？


「そんなわけはない！」

かつての私は、ずっとそう思っていました。

日々のあまりのつらさに、自ら魂に還ることを何度も試みたほどです。

でも、そんな私に対しても、宇宙は〝無償の愛〟を与え続けてくれました。

当時の私は、大病を患っていたこともあり、日中は家に引きこもっていました。雨戸とカーテンを閉め切って、暗い部屋にこもっていたのです。

部屋の隙間から射し込む太陽の光が、とても恨めしかったことを覚えています。

当時の私にとっては、それは〝まぶしすぎた〟のです。

明かりのまぶしさというより、太陽の存在の大きさ、温かさが、逆に私の小ささを際立たせているように思われたからです。

そんな恩知らずの私に対しても、太陽は私を嫌ったり区別することなく、絶え間なくやさしい光を降りそそいでくれました。

そのおかげで、今、私は生きています。

絶望の淵にいた私に、無償の愛を送り続けてくれた太陽に、今は毎朝手を合わせて感謝しています。

太陽は今でも、どんな方にも平等に光と温かさを与えてくれます。

宇宙が願っていることは一つです。

それは、**あなたが〝あなたらしく〟生きること**です。

〝あなたらしく生きる〟とは、あなたが**地球に生まれてきた目的**（天命・ミッション）を思い出し、その**光の道**に沿って生きることです。

そして、そのことで**魂の上昇**を果たすことです。

このようなお話をすると、ほとんどの方は戸惑うことでしょう。

「地球に生まれてきた目的や天命なんてわからないよ」

そう思われるはずです。

私自身もこの半世紀ばかり、まったくわかっていませんでした。

目的や天命どころか、人生の最底辺で心身ともに半死半生で喘いでいたのです。

そんな〝超ダメ人間〟だった私でも、マインドフルネスタッピング、エネルギーマイスター、リミットブレイクマスターの「三種の神器」をワンネスから授かり、それらの「和のメソッド」を繰り返し実践していくことで、地球に生まれてきた魂の目的を、あるとき〝**思い出せた**〟のです。

あなたも同じです。

土やほこり、落ち葉、ゴミなどを払っているうちに、埋もれていたダイヤモンドが輝き出るように、心の内の不要なものを手放していくことで、必ず〝思い出す〟ときが来ます。

その〝瞬間〟、あなたはきっと驚かれるでしょう。

それまで感じたことのない至福感に包まれるからです。

すべてが感動で打ち震えるような、細胞レベルの感覚に包まれます。

同時に、絶対的な〝安心感〟も訪れます。

「ああ、自分はこのために地球に生まれてきたのだ」

「もう大丈夫」

その感覚は〝生涯〟続くでしょう。


私はエネルギーセッションのメニューの一つとして、「ワンネスマスター」という手法を使って、「地球に生まれてきた目的を知るセッション」を行なっていますが、自分の目的を〝思い出された〟方たちは一様に涙ぐまれます。

「悲しいわけでもないのに、勝手に温かい涙が出ます」

そう言われる方がほとんどです。

至福の余韻が広がっていくときに流れる、喜びの涙です。

自分の天命（ミッション）を思い出すと、まず初期段階として、健康、人間関係、お金、プライベートなどのすべてが好転していきます。

次の段階として、多くの人たちに〝希望の光〟を与える存在となっていきます。

あなたから、笑顔と幸せの輪が広がっていくのです。

あなたから希望あふれる世界が創られ、七世代先まで続く調和と愛の素晴らしい地球が創られるのです。

そのとき宇宙は目を細めて「よくやりましたね」と、やさしくあなたをほめてくれることでしょう。

「ご先祖様」と「未来の方々」

〝見えざる叡智〟が存在します。
その存在は、「ワンネス」「大いなる存在」「神様」「ゼロポイントフィールド」等々、さまざまな言葉で表現されています。

私は「ワンネス」と呼ばせていただいてますが、いずれにしても〝人知を超えた存在〟です。
また別に、〝身近な叡智〟も存在します。

あなたの**「ご先祖様」**や、**あなたからはじまる「未来の方々」**です。

毎朝、ご先祖様に感謝とともに手を合わせることは大切なことです。そうすることで、あなたはより守られ、〝光の力〟が増していきます。

私自身、そのことを意識し実践してから、人生が一変しています。

〝見えざる叡智〟は、あなたのことをサポートしたがっているのです。

〝あなたからはじまる未来の方々〟とは、**あなたが天命を果たしていくことに沿って存在する未来において、その未来に生まれるすべての人たち**のことです。

日本では、一万数千年もの間続いた「和の時代」、縄文時代がありました。

当時の人々は、「未来の方々」つまり〝私たち〟のためを思って、〝足るを知る〟暮らしを心がけていました。

必要以上に自然を破壊することも、獲物を狩ることもなかったのです。

もちろん、人と人との戦いや、そのための武具も発掘されていません。

まさに「和をもって貴しとなす」そのものの、尊い暮らしです。

あなたも同じです。

あなたが「ワンネス」とともに〝光の道〟を生きることによって、「未来の方々」も存在できるのです。

「未来の方々」は、最新科学である量子力学においては、今、この瞬間にも同居しています。

ハーバード大学の理論物理学者であるリサ・ランドール博士をはじめ、多くの著名な科学者たちが提唱している科学的理論です。

今、この瞬間に存在している「未来の方々」は、常にあなたの思いと行動を見ています。

そのあたりのことは、クリストファー・ノーラン監督のＳＦ大作映画『インターステラー』でも描かれています。

ちなみに、『インターステラー』の物理学的表現を担当されたのも、リサ・ランドール博士です。

よろしければ、ご覧ください。

「ワンネス」は常にともにある

「ワンネス」は、常にあなたの身近にいます。

どこであっても、どんな状況であっても、あなたが生まれた瞬間から肉体を離れるまで…いえ、肉体を離れてもあなたとともにあります。

肉体はあくまで今生を過ごす上での借り物であり、〝ボディスーツ〟です。

ずっとお気に入りだった服でも、長年着ていると傷んできます。

もう着られない状態になれば、程度の差はあるでしょうが、誰でも感謝の気持ちを捧げながら処分するでしょう。

肉体も同じです。

衣服の中の自分が本体であるように、肉体に宿っている〝エネルギー〟（意識・魂）こそが、私たちの本体です。

本体は、肉体を離れても消滅することはありません。

私たちは、無限に〝転生〟を繰り返しています。

必要なタイミングで、今生での生き方を〝因〟として〝新たな肉体〟の中に宿ります。

たとえば、前生で強く憎んだ人がいたとします。

そして、その人を感情にまかせて殺めてしまったとします。

その場合、そのことが〝因〟となり、次に生を受けたときに前生で殺めた人が、身内や身近な人という形で現われることが多々あります。

それはいわば、〝ワンネスからの追試〟です。

前生では感情にまかせて殺めてしまった人を、今生では〝赦す〟ことができるかどうか、テストされているのです。

なぜなら、〝私たちはすべてつながっている〟ためです。

「他者」というのは実は幻想であり、すべては「自分自身」の投影です。

大切なことは、対立することではなく、調和、融合することです。

ワンネスは、そのことを愛をもってやさしく諭してくれているのです。

私たちは何千回も転生を繰り返しながら、魂と霊性を高めていきます。

転生する際、その人生の目的（ミッション）を決めてから肉体に宿ります。

そうして、さまざまなことを経験し、学び、ワンネスそのものに近づいていくのです。

ワンネスは、あなたの人生の目的（ミッション）から外れないようにサポートしてくれます。

つらいとき、苦しいとき、茫然自失となっているとき、どんな状態であっても、ワンネスは温かくあなたのことを見守り、やさしく手を差し伸べてくれます。

ワンネスは、常にあなたとともにあるのです。

宇宙の創造主はあなた

ここまでお読みになられた方なら、お気づきだと思います。

「宇宙の創造主は自分です」

あなたこそが、宇宙の創造主です。

ワンネスは、絶対的な愛と光そのものの存在です。

あなたもまた、〝あなたの宇宙〟〝あなたからはじまる宇宙〟を刻一刻と創り続けています。

周りにいる人でも、外的な要因でもなく、**あなたの感情、エネルギー、思いが、宇宙全体を創っています**。

周りで起こっていることは、**すべて自分自身の心の内の投影**です。

最初は、信じられないかもしれません。

ただ、「三種の神器」を使って自分自身の心の内がクリアになっていくと、その度に、あなたの周りの人たちや環境も変わっていくことに驚かれるはずです。

そしてその〝驚き〟は、だんだんと〝自然〟なことになっていきます。

あなた自身へのリスペクトも深まっていきます。

同時に、周りに存在されている方へのリスペクトも深まります。

なぜなら、〝誰もがワンネスの申し子〟であることに気づくからです。

「自分もすごい。みんなもすごい」

「みんな尊い。自分も尊い」

そこには上下関係も階級も存在しません。

みなが〝同列〟につながっている世界です。

あなたから広がる「和の世界」の完成です。

私は、そんなかけがえのないあなたの存在を深くリスペクトします。

あなたは、ワンネスにとって最高のギフトです。

いよいよこれから、〝あなたの時代〟がはじまります。

終章

「新たな宇宙」の創造

すべてはあなたからはじまる

「新たな世界」の幕開けは、もうすぐそこまで来ています。

実際には、〝序章〟はすでに数年前からはじまっています。

〝本番〟が、いよいよはじまるのです。

初めに言葉ありき――

創世は神の言葉（ロゴス）からはじまった。

言葉はすなわち神であり、世界の根源として神が存在するという意味です（『新約聖書』「ヨハネによる福音書」第一章より）。

その「神」とは、量子力学的には〝あなた〟のことです。

あなたが「新たな世界」について、思い、言葉に発した〝そのとおり〟の世界となっていきます。

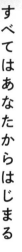

もちろん、**言葉と〝本心〟が一致していることが条件**です。

本書を含めて、『ワンネスから授かった「三種の神器」シリーズ』を何度も読み返していただき、実践していくことで、あなたの「言葉」と〝本心〟は一致していきます。

そうすることで、あなたは文字どおりの「創造主」となるのです。

他の人が、無意味で小さな存在であるということではありません。

あなたが創造主であるように、世界に生きているすべての人が創造主です。

あなたがあなた自身をいたわり、リスペクトするように、他の人もまたいたわり、リスペクトすることが大切です。

すべては、あなたからはじまります。

これからは、あなたの喜び、希望、ワクワクが、〝そのとおり〟に広がっていきます。

投資する順番が大切

これからはじまる「新たな時代」に向けて、〝投資〟の話をします。

投資と言えば、通常は、お金、株、保険、土地や建物などを思い浮かべるでしょう。人によっては美容も浮かぶかもしれません。

それらの投資をする前に、行なうべき投資があります。

〝自分自身の内面への投資〟です。

○自己受容を高める方法
○感情をマインドフルにする方法
○プラスのエネルギーを高める方法
○マイナスの思い込みを手放す方法
○健康力を高める方法
○「夢の種」を埋め込む方法

○「和の願望実現」を知る方法

これらのことを実現できる具体的な技法や手法を得ることができれば、すべての夢や願い、目標などが叶う〝土台〟となるからです。

土台に気がつかないままに、お金、物、美容などにいくら投資をしてもうまくいきません。

私自身がそうでした。また、そういう人を数えきれないほど見てきました。

〝外側〟ばかりに目を向けて、他人と比べては落ち込んでいました。

私は二〇一一年にそのことに気づくまで、お金や物や見かけなどの〝外側〟ばかりに目を向けていたのです。

土台あってこその外側です。

建物で言えば、外装や内装がオシャレで素晴らしかったとしても、柱、壁、床、水道管などの基礎部分が不完全であれば、ただの欠陥住宅です。

同様に、いくらお金や物、美容、ファッションなどの〝外側〟を得ていたとしても、その人自身（本体）のマインド、感情、エネルギー、思いなどが不調和であれば幸せにはなれません。

むしろ、絶えることのない欠乏感ややるせなさに襲われます。

約半世紀もの間、そのことは私自身が経験済みです。

本書を読んでくださっているあなたには、私のように〝落とし穴〟にはまってほしくありません。

だからこそ、**〝投資の順番〟**が大切です。

お金や物、見かけなどの〝外側〟への投資よりも、**自分自身の〝内側〟**（土台）**への投資が先**です。

これからは、見栄を張るための物への投資は意味がありません。ただの浪費です。

逆に、自分自身の天命に沿って魂の上昇へとつながるスキルに対しては、惜しみなく投資することが大切です。

内側を整えて〝健康力〟をアップ！

私たちが生きていくうえで、〝健康力〟を高めることはとても大事です。

私は、ワンネスから授かった天命（ミッション）に沿った生き方をするまでは、長年会社の中間管理職として働いていました。

有機農業を広げたり、無添加の安全で美味しいオーガニック食品を提供する会社です。食の〝質〟が変われば、人はもっと健康になり、動植物とも共生できると思っていたためです。

元来、私は幼少のころから自然が大好きで、昆虫や野に咲く草花に親しんでいました。

会社の仕事は激務でしたが、人と動植物が調和して生きる世界を創る一助になればと、歯を食いしばってがんばっていました。

ただ、食よりも大切なものがあったのです。

それは、**〝自分自身のマインドを整えること〟**です。

自身のマインドが低下していると、頭では食が大切なことはわかっていても、いつの間にかストレスを抱え、気がつけばジャンクフードなど、ほとんど栄養やエネルギーのない食べものを欲してしまうのです。

会社にはそういう方が大勢いましたし、心身を壊してしまう方もいました。私もその一人です。

川の流れにたとえるなら、〝食〟はあくまで中流の部分です。

上流から次々とゴミが流れてきているのに、それを放置して中流だけきれいにすることはできません。

上流から流れるゴミをなくせば、〝自動的〟に中流も下流もきれいになっていきます。

〝最上流〟は、自分自身の感情、エネルギー、思い（思い込み）がある場所です。

それらを整えてきれいに保てば、食も含めて、中流、下流領域における言動や行為も整い、調和し、健康力も自然についていきます。

最上流を整えることで自己受容が上がるので、自分をいたわって大切にしようという、やさしい気持ちになっていくからです。


〝元気〟〝病気〟という言葉には「気」という字が入っています。

健康になるのも病気になるのも、その原因は「気」だからです。

「気」とは、自分自身の感情、エネルギー、思い（思い込み）のことです。

最上流から流れてくる「気」の状態が大切なのです。

だからこそ、本書でご紹介している「三種の神器」のメソッドを使って、日々、〝自分自身の内側〟を整えていただきたいと思います。

そのことで、〝食〟を含めた健康意識も自然と高まります。

ひいては、お金、仕事、人間関係、プライベートなどすべてにおいて好転していきます。

見えないものの価値の上昇

これからの「新たな時代」は、〝価値〟も一変します。

これまでは、お金や物質的なものに価値がおかれていましたが、「新たな時代」では〝見えないもの〟に価値が集中してくるでしょう。

具体的には、幸せ、安心感、ワクワクする〝マインド〟、エネルギー（気）、知識、想像力、創造力、損得や効率とは無縁の家族、友人、仲間などの人間関係などです。〝今〟この瞬間から、それらを得るためのアクションが必要かもしれません。

たとえば、自分自身のエネルギーを高める、マインドを整える、心から共鳴・共振できる友人や仲間を増やす、そのために小さなコミュニティを創る……つまり、何かの物を得るというよりも、〝体感〟〝体験〟〝行動〟を大切にしていくということです。

〝得る〟前に〝与える〟

これまでの時代は、〝得る〟ことに重きがおかれていました。

お金、物、地位、権力などをたくさん得ている人が〝成功者〟（権力者）とされ、その成功者になるためには手段を選ばないような人たちが多かったのです。実際、今もそうです。

しかし、今後は〝手段を選ばず〟といったエネルギーを発している人たちは、立ちいかなくなっていきます。

昨今の大手芸能事務所や劇団、大手企業、さらには大物芸能人や政治家等々の個人も含めたセクハラ、パワハラ、不正が次々と明るみに出されています。

この〝流れ〟は止めることはできません。

これからは隠しごとができない世界になっていきますし、〝手段を選ばず〟といった強権的なエネルギーは、「新たな時代」のエネルギーとは合いません。

そういう意味では、「新たな時代」のキーワードの一つは、**〝与える〟**です。

これまでの〝得る〟〝奪う〟といったエネルギーの方向とは逆に、〝与える〟エネルギーへとシフトしていきます。

先に自分から笑顔であいさつをすれば、相手からも笑顔のあいさつが返ってきます。

先に与えることで、すべては自然と入ってきます。

たとえば、お金で言うと、お金を得ようと意識してアクションを起こす前に、行なうべきことがあります。

〝先に出す〟ことです。

自分自身の〝身になるもの〟を得るために、気持ちよく、先にお金を出すのです。

神社のお賽銭箱に少し多めにお金を入れたり、たとえ少額であっても募金をすることも大切です。

「お金を出したくない！」

そう思って倹約しているマインドは、〝自分自身の内側のエネルギー〟としてはちょっと危険です。

心の奥底では、

「私は、お金を持っていない！」

「お金を得ることは難しい！」

そういった〝マイナスの思い込み〟を固定させるからです。

量子力学的な観点から言っても、〝思い込みどおりの世界〟が広がりますので、ますますお金が苦しい状況に追いやられていきます。

脳科学の観点においても、〝マイナスの思い込み〟によって引き起こされる不安や心配といった感情は、ミラーニューロン効果として周りの人にも広がっていきます。

結果、ますます不安で心配な状況が作り出されていってしまいます。

何かを得ようとする前には、自分自身の感情、エネルギー、思い（思い込み）は、少なくともフラットにすることです。

ワンネスタッピングや「三種の神器」のメソッドを使えば、簡単に「マイナスの感情」や

「マイナスの思い込み」を手放し、「プラスのエネルギー量」を高めることができるので、さらに整えることができます。

ちなみに、〝先に出す〟のはお金だけではありません。笑顔でも、「ありがとう」といった感謝の言葉でも大丈夫です。

得ようとする前に先に与える。

そのことを意識することで、現実は驚くほど上向きになっていきます。

成功者より〝成幸者〟を目指す

これまでの〝得る〟時代から〝与える〟時代〟になるということをお伝えしましたが、言い方を換えると、〝分かち合う〟時代でもあります。

〝得る〟時代は、お金、物、地位、権力などを持っている者が、持たざる者を支配する世界です。

対して〝与える〟時代は、幸せ、安心、エネルギー、知識、才能、愛、感謝、笑顔等々を、持たざる人に気持ちよく与える世界です。

それぞれの人たち銘々が与え合う世界、分かち合う世界ですので、そこには統率者さえ不要です。

「和をもっと貴しとなす」のマインドを持った人たちが自然と集まり、豊かなコミュニティーができ上がっていきます。

「じゃあ、何もしなくていいんだ？　やったー！」と思われる方もおられるかもしれません。

かつての私なら、真っ先にそう思ったでしょう。

実際、「新たな時代」は、何もしないことも選択肢の一つとなるでしょう。

しかし、自然と何かをするようになっていくはずです。

自分も相手も喜び、笑顔と幸せが広がっていくようなことをしたくなるのです。

なぜなら、私たちは宇宙的にもＤＮＡ的にも、そのように細胞レベルで組み込まれているからです。

太古のご先祖様たちは想像を絶する苦難を乗り越えて、私たちに命をつないでくれました。

太古の昔は、何もしないことは死を意味します。すぐに猛獣に襲われたり、寒さや暑さで絶滅していたことでしょう。

厳しい自然の日々をみなで生き抜き、今の私たちにまで命をつないでくれたのです。

そのご先祖様たちの崇高な思いと魂を、私たちは受け継いでいます。


赤ちゃんも、そのことを教えてくれます。

何もしないことが本当に喜びであれば、この世に生まれてくる必要はありません。

生まれる前の姿（エネルギー）は、すべてが思いどおりになる世界だからです。

何もしたくないと思えば、〝そのとおり〟でいられます。

そのことに〝飽きて〟、

「地球という〝超発展途上〟の星に生まれたい」

「地球を愛と光の星にするために、チャレンジしたい！」

そう思ったからこそ、あなたは地球に生を受けたのです。

自分自身の崇高な「魂のミッション（天命）」を果たすためには、一人ひとりが準備を行なっていくことが必要です。

その際の一つのキーワードとして、**「成功より〝成幸〟」**があります。

〝成功〟とは、お金や権力などを〝得る〟ことに主眼をおいた言葉です。

成功と勝者の陰には、必ず失敗と敗者が存在します。

「それは仕方がないよ…」

これまでの〝常識〟はそうでした。

しかしこれからは、**「常識は非常識」**の時代に入っていきます。

対して**〝成幸者〟**とは、文字どおり**「幸せに成っている人」**です。

そこには、従来の〝比較〟は存在しません。自分自身で完結できるのです。

何かを持っていてもいなくても、**「ただただ、幸せ」**という境地でいられる方が〝成幸者〟です。

そこには失敗も敗者も存在しません。

〝成幸者〟が一人いると、周りに〝成幸者〟が自然と増えていきます。

そんな素晴らしい世界が間近に迫っています。

あなたも、〝成幸者〟を目指していただけたらうれしいです。

「女性性」を大切にする世界

現在の世界は、残念ながらいまだ男性優位の縦型社会と言ってよいでしょう。

実際には、男女のどちらが優れているということはなく、どちらも素晴らしいのは当たり前です。

これからは女性性を大切にすることで、現在の縦型社会から〝横型社会〟に移行することができます。

横型社会とは、権力を持つ者からのトップダウンではなく、お互いに協調と融和をしながら、すべての人にとって最適な方法を見出していく社会です。

そこには、性別、人種、国籍、価値観などによる差別はありません。

〝女性性〟のイメージそのままに、育む、調和する、協調する、共生するなど、横のつながりを大切にして、それらを広げていく心です。

女性の笑顔には素晴らしいエネルギーが宿っています。

女性にはそれだけ、周りを照らす崇高な力があるということです。

日本の最高神は天照大御神《あまてらすおおみかみ》です。

女神が最高神として祀られている国は、世界でも珍しいのではないでしょうか。

日本は世界でも唯一に近く、女性が大切にされる国なのです。

一万数千年続いた日本の縄文時代には、大きな戦いの形跡はなく、人を殺める武具もなかったことがわかっています。

世界史上、争いもなく豊かで幸せな文明を築いたのは日本だけです。

ネイティブのアメリカンやハワイアン、オーストラリアのアボリジニなども自然と人を大切にする素晴らしい魂を持つ民族ですが、他国の侵略を受け、残念ながら今では少数になってしまいました。

縄文時代は、男女ともに多くの〝女性性〟を持ち合わせていました。

〝女性性〟という意味は、

「女性を大切にする」

「調和、融和、平和などの〝和〟を重んじる」

「みなの幸せを願って行動する」

「未来の人たちへの平和の礎をつくる意識を持って行動する」

などといったことです。

今の日本の多くの人たちがもっと女性を大切に扱うようになれば、縄文時代や古代がそうであったように、本来の「大きな和」が取り戻されていきます。

その「和」が日本から広がっていくことで、世界も一つの「和」となることができます。

もちろん、女性であっても男性性の特徴である、支配や権力などに重きをおかれている方もいます。逆に男性であっても、〝女性性〟の強い方もいます。

私自身、幼少期から女性が差別されるようなドラマや映画を見ると、「女の人はわるくない！」「女の人を大切にしないと！」と泣き叫んでいたようです。

私は過去生では、女性であった時代が多かったのかもしれません。

私は日々、食事を作っています。食べるのは妻です。

作るだけではなく、配膳、後片づけまで行ないます。

私が料理を作っている間、妻には好きなことをしてもらっています。

私はもともと、女性にはリスペクトがあるからです。

食べてもらって、「おいしい〜」と笑顔が見られることは、私にとっても喜びです。

すべての男性は女性から生まれていますが、そのことだけでも私にとって女性は恩人です。女性に敬意を払って大切にすることは、男性の役割だと思っています。

もちろん、生を受けるには男性の力も必要ですから、男女ともにリスペクトの気持ちを持っています。

これからは、男性性優位の〝縦型社会〟から女性性優位の〝横型社会〟へと世界規模で移行していくでしょう。

それに応じて、スローガンとしての男女平等ではなく、本来の役割に基づいた自然な形の男女平等が、当たり前の世界になっていきます。

そして一万数千年もの間、〝女性性優位〟の文明を築き上げていた「大きな和の国」のマインドに戻るときが来たのです。

もちろん、現在まで発展してきた科学を捨てるわけではありません。科学と〝和のマインド〟を融合させて、かつてない平和な世界、地球へと移行していくのです。

そのことを理解し、実践するのは、〝和のマインド〟をＤＮＡで受け継いでいる私たち日本人です。

パラダイムシフトを起こす「和」の行動

今後は、人でも国でも、大きな富や権力を持つ側が〝得る〟という男性性優位の形は崩れ、慈愛、融和などのマインドを前面に出す側が主流となっていきます。

それは数千年来、どの国も経験したことのない未曾有のパラダイムシフトを引き起こすでしょう。

パラダイムシフトとは、それまでに当然と考えられていたものの見方や考え方が、劇的に変化することを意味します。

そして同時に、そのような〝大転換〟を阻もうとする勢力も現われてくるので、人々は戸惑い、国は混乱し、世界は激動します。

「和のマインド」の〝和〟とは、調和、融和、平和、「和をもって貴しとなす」の〝心〟のことです。

それは、すべての出来事や意見に同調することとは違います。

「和」の方向と反対に進もうとしていることに対しては、声を上げて行動する必要があります。

具体的に言えば、選挙の際は責任を持って一票を投じる、同じマインドや気持ちを持つ仲間の輪を広げていく、などです。

それは、「是々非々」「罪を憎んで人を憎まず」とする大所高所の視点から、豊かで幸せな世界、地球へとシフトする〝光のアクション〟へとつながります。

本書でお伝えした「三種の神器」を深く習得すると、間違いなくパラダイムシフトを引き起こしていきます。

そういう意味でも、「和のマインド」をDNAで受け継いでいる日本人の役割は、さらに大きくなっていきます。

もちろん、日本人以外でも素晴らしい方々はたくさんおられます。私自身、そういう方をたくさん知っています。

ただ、今の時点で「和のマインド」を理解することができるのは、日本人が圧倒的に多いことも事実です。歴史的観点から見ても明らかです。

あなたを含め、日本人一人ひとりが**魂のレベルで覚醒する**ことが求められています。

日本に「大きな和」が戻り、光のアクションを起こしていくことで、素晴らしい世界へと移行できるでしょう。

日本の中で今、覚醒されている方は数パーセント程度です。

残念ながら、それでは「新たな時代」を築いていくことはできません。多勢に無勢だからです。

日本人の二〇%が覚醒すれば、本来の日本の姿に戻ると私は確信しています。

たとえるなら、暗闇の中でも明るい光が〝点在〟していれば、あたり一面が照らされるのと同じです。

同様に、二〇%の方が目覚めることで、日本に「和」が戻ってきます。日本という地自体が持つ崇高なエネルギーが蘇ります。

調和、融和、平和、愛、希望、光に満ちた「和の国」に戻るのです。

その瞬間、日本から世界に向けて急速に「和」が広がっていきます。ドミノ倒しのように次々と〝和の連鎖〟が起こっていきます。

「和」で包まれた地球は、アセンションを果たすことができます。

人と動植物が共生する〝楽園の星〟となるのです。

これは決して夢物語ではありません。数世代先の話でもありません。

もう〝目の前〟に来ているのです。

その最大の鍵は、今、本書を読んでくださっている〝あなた〟が握っています。

あなたも崇高な二〇%の「虹の仲間」です。

あなたから「和」が広がっていくのです。

あなたは「希望」そのものです。

大いなる存在のサポートを得る!

「未来を創るのはあなたです」

そう言われると、プレッシャーを感じる方もおられるかもしれません。

「私にそんな力はありません!」

「何を大それたことを…」

もし、そう思われたなら、それは〝私〟が考えているからかもしれません。

〝私〟は一人称です。〝一人〟であることを指します。

「私一人で未来を創る」と考えれば、プレッシャーを感じたり、無理と思われるのも、ある意味当然です。一人でできることには限界があるためです。

でも、もし〝一人〟ではなく、〝大勢の仲間〟がいたとしたらどうでしょうか？

世界中のほとんどの人が、「地球を平和にしよう」と思ったらどうなるのでしょうか？

国境は〝瞬時〟になくなり、戦争、テロ、差別などもなくなります。

世界は一つになります。

〝私〟（一人）ではできないことでも、**〝私たち〟**（魂の仲間・同志）ならできるのです。

「たしかにそうだけど、私には仲間がいない…」

そう思われた方も大丈夫です。〝仲間〟には、**〝見えない仲間〟**も存在しているからです。

それは、エネルギー的な仲間です。

エネルギー的な仲間と言っても、幽霊のようなものではありません。

それは、〝未来の仲間〟です。

今、地球の人口は約八十億人です。

次世代以降も八十億人の人口で推移すると仮定すると、七世代先まで五百六十億人です。

その五百六十億人の力を借りるのです。

最新科学である量子力学では、〝未来〟の人たちは今、同じ空間に存在しているとされています。

存在している〝次元〟が違うので、私たちには認識できないだけです。

たとえるなら、ほぼ二次元（平面）に生きているアリにとっては、〝高さ〟が認識できません。

アリの目の前にあるものを人間がつまみ上げれば、アリの世界では、目の前のものが突然、消えてなくなったように見えるでしょう。

私たちは、平面に高さ（奥行き）が加わった三次元の世界に生きています。

四次元は、縦・横・奥行の三次元に〝時間〟を加えたものであると解釈されています。これは「四次元時空」とも呼ばれ、アインシュタインの特殊相対性理論でも重要な概念となっています。

五次元は、無数の時間軸が存在する世界です。

それぞれに異なる時間の流れがあり、量子力学的には「多元宇宙論（パラレルワールド）」として知られています。

私たちが暮らす世界とは別に、いくつもの世界があることを多くの世界的科学者が認めています。

アリと同じように、私たちにも認識できない世界があるのです。

少し話が難しくなりましたが、〝未来の仲間〟も私たちには見えませんが、今も同じ空間に存在しています。

〝七世代先の人たち〟でもある〝未来の仲間〟に意識を向けて、

「七世代先の地球のために、私をお使いください」

そう宣言すると、あなたの声は未来の仲間たちに確実に届き、あなたへの強力なサポートを開始します。

その瞬間から、「私（一人）が未来を創る」から、**「〝私たち〟が未来を創る」**に変わります。

そうなると百人力です。いいえ、数百億人力です。

〝未来の仲間〟たちだけではなく、〝ご先祖様〟のサポートを得ることもできます。

「ご先祖様、いつもお守りくださいまして、ありがとうございます」

毎朝、直系のご先祖様だけではなく、すべてのご先祖様に対して感謝の気持ちを伝えることで、さらに〝大いなる力〟を得られます。

ご先祖様もまた量子力学的解釈では、今、この瞬間にも存在し、あなたの幸せを願っています。

そして、すべてのご先祖様の中心・根源（ルーツ）である「ワンネス」にも感謝しましょう。

「ワンネス」の呼び方は、「大いなる存在」「神様」など、好きな呼び方でかまいません。


「ワンネス様、いつもありがとうございます」


こうして、あなたは未来の仲間たちにサポートされて、さらにご先祖様、ワンネスから本格的に後押しされるようになります。

そうなると、あなたは〝無敵〟です。

数えきれないサポートを受けながら、七世代先まで続く光の道が〝あなた〟から開いていきます。

すべては「地球アトラクション」！

あるとき、エネルギーセッションをさせていただいた経営者の方から、以下のようなご感想をいただきました。


先日はありがとうございました。

とみ太郎先生から、エネルギーセッションを受けて以降、まるで子どもに戻ったかのように毎日が楽しく、笑顔にあふれています。

これまでずっと後回しだった、

「自分が喜ぶことをする」

「自分のために楽しむ」

それができるようになりました。おかげでセッション以降、会社の業績も好調です。

とみ太郎先生の言われた、

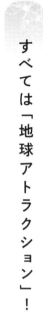

「世界平和は自分平和から」

「まず自分が平和、幸せになってから、次に周りの人の幸せのお手伝いをする」

その言葉が心の奥に、ずっと入っています。

これからは、どんな状態の私も認め、愛してあげようと思います。


「自分のために楽しむ」

それはとても尊いことです。私がかつて少年だったころ、

「人のために頑張れ」

「自分のことは後回しにしてでも、頑張れ」

そんなふうに両親や学校の先生から、たびたび言われていました。両親には、「長男は自分のことは後回しだ」とも言われました。

当時はまだ少年でしたが、「言われたとおりにしないといけないんだ」と思いながらも、何か釈然としない、やるせない気持ちがありました。

自分がやりたいことよりも、人のことを優先する……

当時は「スポーツ根性もの」、いわゆる〝スポ根〟のアニメやドラマがあふれていて、とにか

く〝根性〟〝忍耐〟〝我慢〟が美化される時代でした。

それから長い年月が経ちましたが、いまだ昔と同じ価値観が残っているようにも思います。特に近年は顕著のようです。

今の私は、「もっと自分を楽しもう」と思っています。

約半世紀を経て、ようやくそう思えたとも言えます。

自分を楽しむことに、大金は必要ありません。

ほとんどお金がかからなくても、「楽しいな〜、幸せだな〜」と思っているなら、それは**〝成幸者〟**です。「幸せ」に「成っている」からです。

もちろん、「自分さえよければいい」ということではありません。

そもそも、自分だけが楽しくて幸せで、周りの人たちが不幸せでいるということはありえません。

自分が楽しむことによって、周りの人たちの笑顔と幸せの輪も広がっていくはずなのです。

自分自身を大切にして、今、ここにある幸せを深く味わい、喜び、楽しんでいくことで、周りの大切な方たちも笑顔で幸せになっていきます。

あなたが楽しく笑顔でいることで、周りも照らされていきます。

これからの時代は、いろいろなことが起きてきます。

私たちは、さまざまな**〝地球アトラクション〟**を楽しむために、自らが選んで生まれてきています。

大ピンチや逆境も、この時代に肉体を持って生まれてきたからこそ体験できます。

あなたは、それらを乗り越えて魂の成長を果たしていく、〝地球アトラクション〟の参加者です。

今、この時代の地球を選んで生まれてきたあなたは、勇気ある**〝光のチャレンジャー〟**なのです。

世界平和を築くマインドフルネスタッピングの使い手たち

私はこれまで、マインドフルネスタッピングに関する書籍は、みなさまのおかげで十七冊書かせていただいています。本書で十八冊目となります。

本書では、これまでの十七冊では未公開だった『ワンネスタッピング』を初公開させていただだきました。

本書を含む書籍や講座を通して、マインドフルネスタッピングの使い手が一人でも多く増えていくことを願ってやみません。

なぜなら、それが〝**世界平和への最短ルート**〟であることを確信しているからです。

「世界平和」と反対の状態とは、戦争、テロ、犯罪、不幸、堕落、虚無などです。


今、私たちが住んでいる世界は、長い年月をかけて〝呪縛〟されています。

その〝呪い〟は、日本だけではなく世界規模でかけられています。

「どうせ無理…」「自分にはできない」などの「マイナスの思い込み」も、さまざまな方法で〝意図的〟に刷り込まれています。

特に日本は敗戦以降、ありとあらゆる「マイナスの思い込み」を入れられています。

そうしてある種、実験的に〝トレーニング〟されてきたのです。

このことに関しては、歴史を調べれば多くの証拠が出てきます。

結果として、私たち日本人の大部分は、将来に対する不安や心配を〝持たされて〟います。

そのことによって、日本人と日本国の大切な資産を簒奪し、権力を行使することができるからです。

身近なところでは、日本のブラック企業のワンマン社長でさえ、社員を恐怖と競争で洗脳します。

「今度、○○したらクビだ！」「お前は○○より仕事ができない！」「よその会社に行っても通用しない！」といったパワハラを毎日浴びせることで、言われたほうはだんだんと「自分はダメなんだ…」と萎縮し、支配されてしまうのです。

そうして心身を疲弊させながらも、社員は転職すらできない状態に陥ります。

結果、パワハラ社長の狙いどおりになってしまうのです。そういう方を私は数え切れないほど見てきました。

それほどまでに〝恐怖〟の力は強いのです。


しかし、そんな〝不安〟〝心配〟〝恐怖〟であっても、「マインドフルネスタッピング」を使うことで、誰もが簡単に、その場で、身一つで手放すことができます。

「三種の神器」によって、これまで手放すことのできなかった「行きすぎたマイナスの感情」や「マイナスの思い込み」を解き、本書で初公開させていただいた「ワンネスタッピング」を使ってワンネスとつながることによって、あなたの心の内は天国か楽園のようになっていきます。

完全なる**「自分平和」**の世界です。

自分自身の内に平和の〝光〟が広がると、どうなるでしょうか?

あなたの身近な人、ご縁のある人、大切な人にも、その光は灯っていきます。

その連鎖は、素晴らしい世界と地球を創っていきます。

「世界平和は自分平和から」

あなたの〝内側〟を整えることで、世界がよりよいものに変わっていくのです。

そのことは実際の〝体感〟を通して、あなたの腑に落ちるでしょう。

それまでの日々や人生が幻だったかのように、**〝すべて〟が好転していきます**。

マインドフルネスタッピングのツールは、「和の願望実現加速装置」であり、「世界平和の最短ルート」なのです。

マインドフルネスタッピングの使い手が増えること、それこそが**「新たな時代」を創る最良**

の道です。
希望は、ほかの誰かから与えてもらうものではありません。
あなたは〝希望〟そのものです。

心を解き放ち、自由に生きる

「新たな時代」では、〝心を解き放つ〟ことが必要です。
そう在ることで、自分らしく自由に生きることができます。
すべてにおいて〝あるがまま〟でよいのです。
本音で語り合って、行動する世界です。
「そんなふうになったら、喧嘩や争いが起こったりしないか心配…」
そう思われる方もおられるかもしれません。
今の時代に〝争い〟が絶えないのは、実は**〝そう思っている〟**からです。

〝思考〟ではなく〝感情〟が現実化することは、これまでに述べてきたとおりです。

今、多くの方が不安、心配、恐怖を感じています。

今の時代は、富や権力を持つ側が持たない側を支配する縦型社会、〝男性性〟の極まった世界だからです。

反面、だからこそ今は、〝希望〟の時期でもあります。

「陰極まって陽となす」の言葉どおり、陰（不安、心配、恐怖など）が極まれば、陽（喜び、安心、幸せなど）に転じざるをえないからです。

「夜明け前が一番暗い」のたとえもあります。

それは、「新たな時代」が近づいている証しなのです。

もちろん何もせずに、不安や心配、恐怖や怒りや悲しみの中に身をおいていると、自分自身のエネルギーが低下し、結果として心身、経済面ともに不調になっていきます。

ただ、あなたは大丈夫です！

なぜなら、本書を手にされているからです。

あなたは、「新たな時代」へと最短で移行できるメソッドを知らされました。

そして、ワンネスから授かった『三種の神器』の一つである「マインドフルネスタッピング」、さらにその最上位メソッドである『ワンネスタッピング』の手法を得られたのです。

まずは、それらを〝**体得**〟し、その上で「エネルギーマイスター」「リミットブレイクマスター」も体得されてください。

ここで大切なことは、「知っている」ことと「使いこなせる」ことには、雲泥の差があるということです。

「使いこなす」ことで、初めて強力な効果が発動します。

『三種の神器』をそろって使いこなしたとき、すべてが〝見えてくる〟でしょう。

心の底からあふれ出てくる喜びとともに、

「もう大丈夫！」

「天命を思い出し、果たすことができる！」

「私から、素晴らしい〝新たな時代〟を創ることができる！」

そんな〝確信〟の言葉が、次々と魂の奥から湧き上がってくるはずです。

今まで感じたことのない至福感に包まれることでしょう。

次の瞬間、あなたは**地球に生まれてきた「魂の目的」**を〝思い出す〟のです。

あなたは、〝受け身の側〟から〝創造する側〟に変わります。

それまでは夢物語だと思っていたことが、次々と実現していきます。

あなたが自ら心（魂）を解き放ち、自由に生きることで、あなたから**虹色の希望の光**が広がっていくでしょう。

あなたは奇跡そのもの！

「日常は奇跡の集まり」

「あなたは奇跡そのもの」

かつての私がそのような言葉を聞いたとしたら、「そんなことないよ！」とふてくされていたことでしょう。

その後、二十代後半に大病で寝たきり状態となったとき、余命宣告を受けたとき、臨死体験をしたとき、阪神・淡路大震災で家を失ったとき、重度のうつとパニック発作に陥ったとき、何度か生死の間をさまよったとき、いくたびかホームレス寸前の状態となったとき、生きているのがつらくて、自ら魂に還ろうとしたとき……そのときに心から願ったのは、**「〝日常〟に戻りたい」**という心からの渇望でした。

今は幸いにして、二十代、三十代のころよりもあらゆる数値レベルで、心身ともに健康体に戻っています。視力などは、今が人生で一番よい状態となっています。

ベッドに横になることもできず、息をすることさえ苦しかったのに、今は大きく深呼吸もできます。

今、あらためて思うのは、本当に**「日常は奇跡にあふれている」**ということです。

そして、ときおり、ふと同じ思いが込み上げてきます。

今まで命をつないでくれたご先祖様、戦争で命を失われた方、特攻隊として「未来の人の命のために！」と願って、命を散らされた若い方々についてです。

特攻隊員の平均年齢は二一歳、中には一七歳の少年もいました。

四〇〇〇名もの若い命が散ったのです。

特攻直前の死を覚悟した彼らの遺書には、真の心が書かれています。

若くして自らの命が果てる前には、さまざまな強烈な思いが交錯したことでしょう。

「日本をなくしたくない」

「未来の人たちが平和であってほしい」

「自らの命と引き換えに、未来の人の命をつなぐことができる！」

そう思うときに、不思議と笑顔になれるそうです。

若い命を散らされた四〇〇〇名もの方々は、

「お母さんありがとう！」

「未来の人たちのために！」

そう叫んで、命を捧げてくださいました。

「未来の人」とは、今、この本を読んでくださっている〝あなた〟のことです。

あなたはそれほど尊い存在です。

あなたは、たくさんの〝つないでくれた命〟を得て、今があります。

そして、敗戦直後の一面の焼け野原から、

「日本を取り戻すのだ」

「希望の日本を未来に手渡すのだ」

そういう先人たちの強い思いとアクションがあって、今があります。

そのことに思いを馳せるとき、深い感謝しかありません。

私たちは、多くの方の〝身代わり〟の命で生かされています。

食事もまた、命をいただいています。

目が見えること、手が動くこと、食事ができること、家があること、好きな仕事に就くことができること、自由があること……

それらは奇跡そのものです。

〝今、ここにある奇跡〟を意識し、感謝の気持ちを向けていると、自動的にさらなる幸せを引き寄せることができます。

微力ですが、七世代先までの未来の人たちの幸せにつながることに、私も身を捧げることができればと思っています。


あなたという存在は、唯一無二です。

あなたこそが、世界と未来の希望です。

あなたは奇跡そのものです。


あなたに感謝を込めて。

あなたは「虹の仲間」

これから「新たな時代」を創り、笑顔と幸せと希望の光を広げていく。

それが「虹の仲間」です。

調和、融和、平和、笑顔、幸せ、可能性あふれる世界と地球を創った立役者として、未来の方たちは、あなたのことをずっと称えてくれることでしょう。

あなたは素晴らしい虹の仲間です。

あなたから、虹の仲間の輪が広がっていくことで、素晴らしい世界、地球になっていきます。

あなたこそが宇宙の中心です。

映画にたとえるなら、あなたは監督であり主人公です。

監督の意のままに、素晴らしい作品を創ることができます。

人生も同じです。

人生の主人公は、あなたです。

あなたの感情、エネルギー、思いを『和の三種の神器』で整えることで、あなたの思いとおりの素晴らしい日々、人生、世界を創っていけるのです。


宇宙の主人公は、あなたです。

おわりに

『ワンネスから授かった「三種の神器」シリーズ』の最終章、『ワンネスタッピングの完全法則』を最後までお読みいただいたことに、深く感謝いたします。

『三種の神器』の「マインドフルネスタッピング」「エネルギーマイスター」「リミットブレイクマスター」は、糸を紡ぎ合わせることで美しい織物ができるように、それぞれのメソッドのエネルギーが織り合わせられることによって、よりエネルギーに満ちたダイナミックな効果を得られます。

そういう意味では、『三種の神器』は「和」そのものです。

マインドフルネスタッピング、エネルギーマイスター、リミットブレイクマスターは、それぞれの〝単独の力〟にも、他に類を見ないほどの効果があるのですが、それらが合わさったときの力には凄まじいものがあります。

あなた自身の魂は、変容し、進化し、覚醒します。

それまで叶わなかった夢や願望も、次々と叶っていくでしょう。


『三種の神器』シリーズは、本書を含めて三部構成となっています。

いずれの本にも、エネルギーマイスターを使って〝特別なエネルギー〟を封入しています。

シリーズ三冊を表紙が見える状態で立てかけておくと、部屋と、その部屋にいる人の浄化ができます。

本を持ち歩くことで、本を通してエネルギーを受け取ることもできます。

寝る前に枕元に置いておくと、安眠のサポートにもつながります。

本書からお読みになられた方は、「シリーズ1」の『エネルギーマイスターの絶対法則』、「シリーズ2」の『リミットブレイクマスターの最強法則』をお読みいただき、そして再度、本書をゆっくりと何度も読み返してみてください。

三つの本を順番に何度も読み込むことで、エネルギーレベルで腑に落ちるようになってい

るためです。

飛ばし読みや速読ではなく、〝ゆっくり〟と読まれることをお勧めします。

毎日、少しずつ読み返し、実践することで、確実に日々や人生は好転していきます。

そして、あなたが**次元上昇**し、**個別アセンション**を果たすことによって、あなたの身近にいる大切な人や、ご縁のある人の笑顔と幸せが増えていきます。

あなたの感情、エネルギー、思いは、あなたのみならず、あなたの大切な方にも、ダイレクトに素敵な影響を与えるためです。

あなたは、**リアルパラレルワールド**を創造する喜びを体感することでしょう。

最初は驚くかもしれませんが、それが**〝あなたが本来持っている力〟**です。

その〝大きな力〟を感じ取られたなら、さらに『三種の神器』を〝意図的〟に使ってみてください。

その〝意図〟の一つとして、

「豊かで、笑顔と幸せがあふれる〝和の世界〟〝和の地球〟を創り、次世代に手渡す」

そのようにイメージされてみてください。

そのことで、〝大いなる存在〟である「ワンネス」から、あなたに〝大きな力〟が流れてきます。

結果として、あなたから**「集合アセンション」**を果たすことができます。


そう、**あなたこそが、未来で語り継がれる人**なのです！


近い未来、自然、人、動植物すべてが調和した**〝緑の星〟の地球**が現われます。

すべての人が「和のマインド」を持ち、ともに助け合い、高め合う〝共創〟の世界です。

そこには、嘘、偽り、ごまかしは存在しません。

戦争、争い、差別、競争などは〝過去のもの〟となっている、美しく素晴らしい世界です。

ただ、そこで暮らしている近未来の人々は、ほんの少し前までの過去の地球は、そうではなかったことを知っています。

そして、「虹の仲間」と呼ばれる人たちが、今の豊かで幸せな地球を創る、かけがえのない〝礎〟となったことを知っています。

「あのとき、〝虹の仲間たち〟がいたからこそ、今の素晴らしい地球があるんだよ」

そんなふうに、大人たちが子どもたちにやさしく語りかけることでしょう。

子どもたちは、うなずきながら、いっせいにこう言うでしょう。

「虹の仲間のみなさん、ありがとう。あなたたちのおかげで、今、私たちは、豊かで幸せに暮らしています。あのとき、〝三種の神器〟を受け取ってくれてありがとう。今も大切に使っています。虹の仲間のみなさんがいたからこそ、今があります。心から感謝します」

「虹の仲間」とは、本書を読んでくださったあなたのことです。

あなたは、後世に語り継がれる人なのです。

これから、長い間隠され続けてきた〝闇〟が、次々と明らかになっていくでしょう。そのことで、多くの社会的混乱もあるはずです。

でも、それも〝産みの苦しみ〟です。

その〝大変動〟を経たあとの「新たな時代」は、あなたのような素直で、純粋で、心やさしい方こそが、〝光の力〟を発揮できる世界となります。

いよいよ、「あなたの時代」がやってくるのです。

その際にも、『ワンネスタッピング』を含め『三種の神器』は、あなたにとって大きな〝光の杖〟となるはずです。

あなたは、これまでよく頑張りました。

精一杯、生きてこられました。

実直に、本当によく頑張られましたね。

心からの敬意を表します。

あなたは、間に合いました。

すべてが報われる時代がやってきます。

「虹の仲間」として、ともにディメンションライズ（次元上昇）していきましょう。

あなたは奇跡の人であり、創造主そのものです。

未来を創るのは、あなたです！

最後に、いつも笑顔で支えてくれる妻と娘、子どもたち。魂と光の同志である、かけがえのない存在の虹の仲間。本書を手にとってくださいました、あなた。シリーズを通して、魂の編集をしてくださいました五目舎代表の西塚裕一様。数々のご縁をつないでくださいました田中智絵様。たくさんの素晴らしい動画作成をしてくださいました大内将之様。素晴らしいマインドを持たれているナチュラルスピリットのみな様。

そして、『ワンネスから授かった「三種の神器」シリーズ』を世に出してくださいました、株式会社ナチュラルスピリットの今井社長に深く感謝します。

あなたが今、この時代に生まれてきてくれたことに深い感謝を込めて

とみ太郎こと山富浩司

山富浩司（やまとみこうじ）

愛称とみ太郎。和の願望実現加速の専門家。一般社団法人イーモアマインドクリエーション協会代表理事。エネルギーマイスター®、マインドフルネスタッピング®、リミットブレイクマスター®の創始者。『願望実現の公式』発案者。

兵庫県姫路市生まれ。幼少期のDV体験、20代で余命宣告、阪神・淡路大震災の被災、2011年のリストラ宣告等、逆境の連続。東日本大震災直後に自身の天命を知り、25年間研究を続けてきた『願望実現の公式』を完成させる。以降、超V字回復を果たし、劇的に人生が好転していくことになり、経営者をはじめ各界のリーダーを含む多くの方に、エネルギーセッション、コンサル、講座等を通して“和の願望実現”方法を伝えている。ポリシーは、「セッションでリピーターを作らない」「誰でも夢は必ず叶う！」。夢は、「世界が一つになる瞬間を虹の仲間とともに見る」「7世代先まで調和にあふれた世界と地球を次世代に手渡す」。

『「和の引き寄せ」を加速するマインドフルネスタッピング』（KADOKAWA）、『マイナスの感情を手放すと、プラスの未来がやって来る』（三笠書房）、『「引き寄せの公式」CDブック』（マキノ出版）、『こうして宇宙銀行から「幸せなお金」がやってくる』（大和出版）他、大手書店総合ランキング1位、アマゾンベストセラー1位（部門別）の著書多数、累計30万部。

◇メルマガ「あなたはもっと幸せになっていいんです！」
https://www.reservestock.jp/subscribe/22658

◇ブログ：アメブロ「エネルギーが変われば、すべてが変わる！」
https://ameblo.jp/tomitarou1

◇Facebook ／山富浩司
https://www.facebook.com/koji.yamatomi

◇イーモアマインドクリエーション協会ホームページ
https://www.e-more.org/

ワンネスタッピングの完全法則

●

2025年5月1日　初版発行

著者／山富浩司

装幀／福田和雄（FUKUDA DESIGN）
イラスト／月山きらら
編集／五目舎
DTP／株式会社エヌ・オフィス

発行者／今井博揮
発行所／株式会社 ナチュラルスピリット
〒101-0051 東京都千代田区神田神保町3-2 高橋ビル2階
TEL 03-6450-5938　FAX 03-6450-5978
info@naturalspirit.co.jp
https://www.naturalspirit.co.jp/

印刷所／中央精版印刷株式会社

©Koji Yamatomi 2025 Printed in Japan
ISBN978-4-86451-511-5 C0011
落丁・乱丁の場合はお取り替えいたします。
定価はカバーに表示してあります。

●新しい時代の意識をひらく、ナチュラルスピリットの本

ワンネスから授かった「三種の神器」シリーズ1

エネルギーマイスターの絶対法則

山富浩司 著

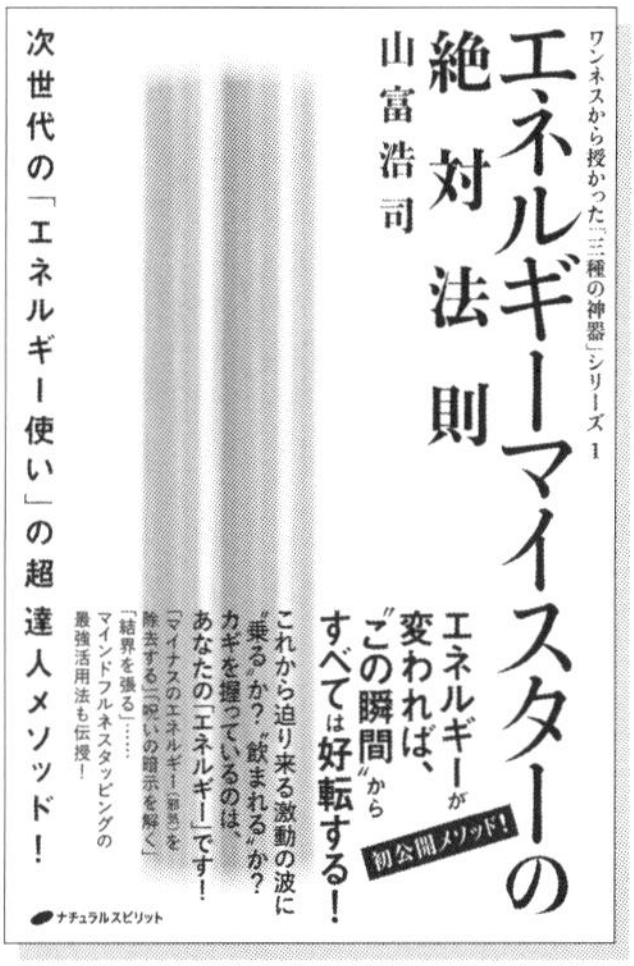

四六判・並製／定価 本体 1600 円+税

プラスのエネルギー量を高める七つの方法を初公開

これから迫り来る激動の波に乗るか？　飲まれるか？　これから数年の間にやってくる激動の時代を乗り越えるカギはあなたのエネルギーです。エネルギーが変われば、「この瞬間」からすべては好転します。「何をしているか」よりも「どんなエネルギー状態か」で、仕事、収入、人間関係、健康、願望実現等々、すべてが決まります。

お近くの書店、インターネット書店、および小社でお求めになれます。

●新しい時代の意識をひらく、ナチュラルスピリットの本

ワンネスから授かった「三種の神器」シリーズ2

リミットブレイクマスターの最強法則

山富浩司 著

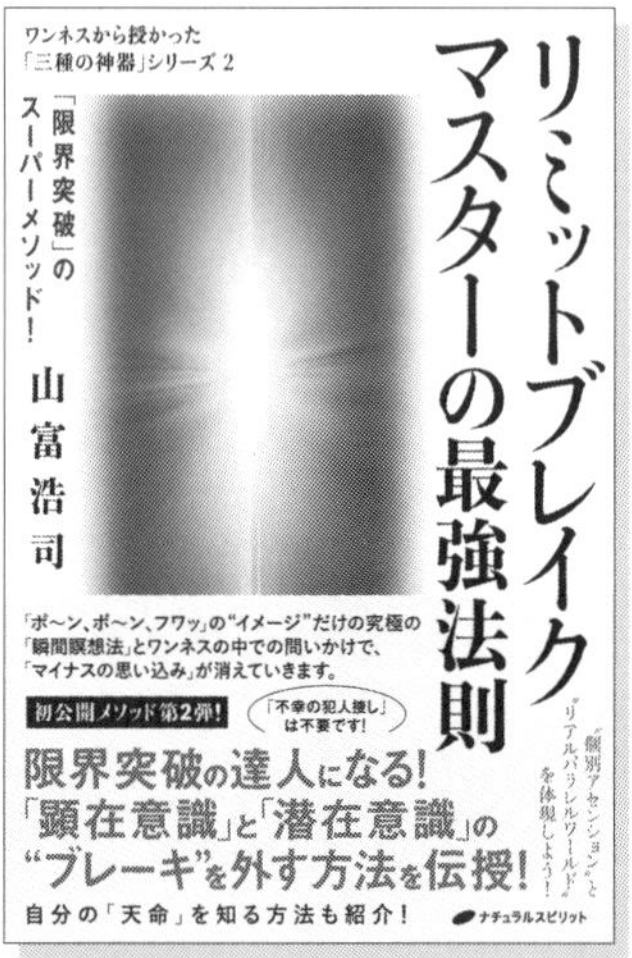

四六判・並製／定価 本体 1500 円+税

「マイナスの思い込み」を手放し、限界突破の達人に！

初公開メソッド第２弾！　世界は近いうちに起こる“超激動”により、「超二極化の時代」に入っていきます。“不安”や“心配”をベースにして生きている方は、これまで以上に不安や心配を生み出す世界を生きていくことに。一方、それらの「マイナスの思い込み」を手放された方は、豊かで幸せな日々が広がっていくでしょう。

お近くの書店、インターネット書店、および小社でお求めになれます。